哲学の再生

——マルクス主義哲学の再構築をめざして——

渡部正元

まえがき

私は、家庭においては民主主義者であり、戦前から社会主義・共産主義者であった父と、ソ連の「発展」や中華人民共和国の成立という時代の影響があったのであろう。大学、大学院でマルクス主義哲学――唯物論哲学を勉強、研究するようになった。その後、細々と研究活動を続ける最中の、一九九一年ソ連邦が崩壊した。この出来事は、否が応でも私にそれまでの思想、理論の再検討を余儀なくさせるものであった。なぜならそれまで、マルクス、エンゲルスはいうにおよばず、ソ連のマルクス主義哲学は私にとって「権威」のある存在であり、レーニンはマルクスの哲学を発展させたものとして「理解」していたからである。

そして、自己改革を含むその再検討の過程において、私は、ソ連崩壊以前にその哲学やレーニンの哲学に疑問を持ち、それらを批判すると同時にマルクス主義哲学を豊かに発展させていた哲学研究者を発見したのである。その人物は三浦つとむである。彼は、ソ連崩壊以前に、マルクス主義陣営にとっての「権威」を否定したがゆえに、陣営から「排除」されたのであった。したがって私は、マルクス主義哲学を再生するための前提として、ソ連型への批判とともに、三浦つとむの業績を評価することがその第一歩だと考えるものである。

そこで第一部に、「哲学の再生の前提」と題して、三浦つとむのレーニンの哲学批判について述べた論文（「三浦つとむのレーニン反映論批判」）と、彼のソ連型文学・芸術論の批判について述べた論文（「認識における認識と表現の問題」）を掲載する。三浦のソ連型理論批判はこれだけに止まるものではないが、とりあえずはこの二つを掲載することにする（その他に、日本語の文法の特質の解明を含めた彼の言語についての考察は、それまでスターリンの言語論の影響下に「貧困」であったマルクス主義言語論を、豊かに発展させたものであると考えるが、これについてはまたの機会に述べたいと思う）。

第二部、「哲学の再生」は、現代の諸思想や諸科学（特に、脳科学や認知科学等）の成果を吸収してマルクス主義哲学——唯物論哲学を発展させようと意図して書いた、私のこれまでの論文（「唯物論的現象学構築の試み」、「脳から見た認識における情動や感情の役割の問題」、「現代唯物論試論」）を集めたものである。そしてこの著作を機に、新たに執筆したものは、「フロイトおよび精神分析とマルクス主義」、「超常（心霊）現象考」である。それと、「マニフェストの提言」を掲載する。これは、マルクス主義を研究する者にとって、「マニフェスト」を書くことが科学的研究の目的だからである。この「マニフェスト」で、循環・共生型の経済とか、定常状態の経済という概念に触れている。そこで最後に、「循環・共生型の経済とは何か」に言及する。これらの論文はいずれも試論である。それゆえ、読者諸氏の「建設的」批判を仰ぎたいと思うものである。

二〇〇九年一月五日

渡部　正元

哲学の再生／目次

第一部　哲学の再生の前提

第一章　三浦つとむのレーニン反映論批判

はじめに

昨今レーニンの『唯物論と経験批判論』等における反映論について、最近ある人が彼の唯物論は《現象—物自体》二元論であるとし、それを克服するテーゼを提出した。そこでこのテーゼをめぐってそれは唯物論を否定しているとか、いやそうではないとかの論争が行なわれている。それゆえ私は、この問題にアプローチする一つの方法として、ソ連が崩壊する以前にレーニンの唯物論に疑問を持ち問題を解明した、三浦つとむの見解について述べたいと思う(1)。

一　レーニンのマルクスのフォイエルバッハ第二テーゼ解釈

まずレーニンは、マルクスのフォイエルバッハに関するテーゼの第二をどう解釈したか、という問題である。マルクスが「人間的思惟に対象的真理がとどくかどうかの問題は何ら観想の問題等ではなくて、一つの実践的な問題である(2)」(傍点―マルクス)と言ったこの対象的真理を、レーニンはチェルノフを批判しながら、「『対象的真理』とは思惟によって真に反映される対象(＝『物自体』)の存在を意味するものにほかならない(3)」(傍点―レーニン)と言い、またボクダーノフを批判しながら、「もし真理が人間経験の形式であるなら、人類に依存しない真理はありえないし、客観的真理はありえない(4)」と言っている。すなわち、対象的真理とは対象そのもの、物自体、客観的真理とは人類に依存しない客観的な物的存在と理解したのである。確かに唯物論で、対象的とか、客観的という場合、人類の意識から独立した存在を意味するし、それゆえ対象的、客観的真理は人類の意識から独立している真理の意味とも受け取れる。実際レーニンは、そう受け取ったのである。そこで彼は、マルクスのテーゼを、「『対象的』(すなわち客観的)『真理が人間の思惟に得られるかどうか』(5)」という問題を提起したものと解釈したのである。つまり、人間の外部に対象的、客観的真理が存在し、これを反映したものが思惟であるとマルクスが主張したかのように解釈したのである。

ではなぜ、このようにレーニンは解釈してしまったのであろうか。彼が『唯物論と経験批判論』においてロシアのマッハ主義者を批判するに際し、フォイエルバッハの著作を検討したことはよく知られている。ところが、彼のフォイエルバッハの検討が、マルクスの理解にまで至らなかったのである。

フォイエルバッハは『将来の哲学の根本問題』で、次のようなことを主張している。

「人間と人間との共同は真理と普遍性の第一原理であり、基準である。他の事物の、私の外部における存在の確実性すらが、私にとって他の人間の、私の外部における存在の確実性によって媒介されている。私一人が見るものについて私は疑いを持つ。他の者がまた見るものにしてはじめて確実なのである(6)」(傍点―三浦)

「君の思想そのものが思惟され得るゆえにのみ、君は思惟すのであり、それらが客観性の試練に堪えるときにのみ、それらを対象とするところの君以外の他の者もまた承認するときにのみ、それらは真である(7)」(傍線―フォイエルバッハ、傍点―三浦)

「真理は、思惟に存するものでも、そのもののみとしての知識に存するのでもない。真理はただ、人間の生と本質との総体にすぎない(8)」(傍線―フォイエルバッハ、傍点―三浦)

すなわち、真理の基準には他の人間の承認が必要であるとか、思惟や知識そのものだけが真理ではなく、人間の生と本質、つまり客観的な存在そのものも真理だとかいうのである。フォイエルバッハがこのような真理論を説いたからこそ、マルクスは彼に関するテーゼで「実践において人間は彼の思惟の真理性、すなわち現実性と力、此岸性を証明しなければならない(9)」と、実践および真理の此岸性を強調したのである。ヘーゲルでは思惟そのものが絶対精神として自然の背後に、彼岸にある。しかも真理は思惟だというとき、それはまさに「客観的な」ものとして存在している。マルクス主義はこの彼岸にある思惟を、人間が対象の反映として形成するという、此岸性に還元するのであるから、真理もまた反映としてしか存在しないことになる。この点で、ヘーゲルの彼岸にある絶対精神は否定したけれども、フォイエルバッハはまだ客観的な存在そのものを真理と呼んでいるのだから、その批判は中途半端だったのである。

ロシアのマッハ主義者たちとの論争に「制約」されすぎたせいか、レーニンはこのことを理解できなかったのである。その結果フォイエルバッハ的な「客観的」真理の規定に追随し、それで先にも触れたマルクスの第二テーゼを解釈してしまったのである。事実レーニンは『唯物論と経験批判論』において、フォイエルバッハの『唯物論と唯心論』の言葉を引用して次の見解を表明している。

「観念論と自称する現代の哲学的唯心論は、唯物論に対して次のような――その意見によれば唯物論を根絶するところの――非難をあたえている。唯物論は独断論である。すなわちそれは確定的なもの、客観的真理としての感性的世界から出発し、この世界をそれ自体における、すなわち私たちなしに存立する世界と見做す、しかし世界はただ精神の産物にすぎないのだ、と(10)」(傍点―三浦)

フォイエルバッハは「唯物論は、最後の、客観的真理としての感性的世界から出発する(11)」（傍点―三浦）、と。

マルクスの第二テーゼにおける対象的真理とは、対象からあたえられ制約された真理の意味である。ところがレーニンは、この対象的真理をフォイエルバッハ的に、客観的な世界そのものに解釈して、すでにチェルノフ批判の箇所で引用したように、「対象（＝物自体）の存在を意味するもの」と、マルクスが対象である物自体を真理と呼んだかのように把握したのである。この彼の誤りは後の『哲学ノート』にも受け継がれている。

「人間の意志、人間の実践は、それが自分を認識から切り離し、外的現実性を真にあるもの（客観的真理）と認めないことによって、その目標への到達を自ら妨げている(12)」（傍点―三浦）

「人間の活動は、外的現実性を変化し、……この現実性を即自かつ対自的に有るもの（＝客観的に真なるもの）にする(13)」（傍線―レーニン、傍点―三浦）

「ヒュームとカントが〝現象〟のうちに現象する物自体を見ず、現象を客観的真理から切り離し……(14)」（傍線―レーニン、傍点―三浦）

このようにレーニンは、外的現実性、物自体をストレートに客観的真理としているのであるから、客観的真理を認めることはイコール外的現実性、物自体を認めることになる。したがって、唯物論者しか客観的真理を認めないわけであり、『唯物論と経験批判論』でもこの見地から真理論が展開されることになる。以下それを示そう。

二　レーニンの真理論

「客観的真理が存在する（唯物論者の考えるように）ならば、そして自然科学だけが外界を人間の『経験』の中に反映させることによって私たちに客観的真理をあたえることができるとすれば、あらゆる信仰主義は無条件に否認される(15)」

レーニンはこの立場から、マッハ主義者に対して客観的真理を認めるかどうか、すなわち物自体の存在を認めるかどうかと迫った。そして、ボクダーノフに対しても次の問題を提起した。

「(一) 客観的真理は存在するか、すなわち人間の観念の中には、主観に依存しない、人間にも人類にも依存しないような内容があり得るかどうか？ (二) もしあるとすれば、客観的真理を表現している人間の観念は、この真理を一度に、全部、無条件に、絶対的に、表現することができるのか、それともただ近似的に、相対的に表現できるだけなのか？ この第二の問題は、絶対的真理と相対的真理との関係の問題である(16)」

観念の「人間にも人類にも依存しないような内容」とは、たとえば人類の存在しない以前における地球であり、この地球を物自体として認めることが客観的真理を認めることなのである。そして、この物自体を反映することが、レーニンの言う「客観的真理を表現」することなのである。ここでの「表現」

は、フォイエルバッハが「味としての苦みは、塩の客観的性質の主観的表現である(17)」と述べていることと同じ使い方で、芸術のように主観から客観へと表現するという意味ではなく、客観から主観への反映を意味するものである。第二の問題は、人間は物自体を一度にまるごと反映することができるのか、それともただ近似的にしかできないのか、という問題である。

この第二の問題における前者は絶対的真理のケースで、それが客観的真理の無条件的、絶対的な反映だというのである。そして、今引用した箇所よりも後では、絶対的真理はまた絶対的自然の意味にも、客観的真理の意味にも使われているのである。

「現代唯物論、すなわちマルクス主義の観点から見れば、私たちの知識が客観的・絶対的真理に近づく限度は、歴史的に条件づけられている。しかし、この真理の存在は無条件的であり、私たちがそれに近づきつつあることは無条件的である。画像の輪郭は歴史的に条件づけられているが、この画像が客観的に存在するモデルを描写するものである。……一言でいえば、あらゆるイデオロギーは歴史的に条件づけられているが、しかしあらゆる科学的イデオロギーには(たとえば宗教的イデオロギーとは違って)客観的真理、絶対的自然が照応している、ということは無条件的である(18)」(傍線——レーニン、傍点——三浦)

レーニンが、このように客観的に存在するモデルそれ自体を真理としたことは、真理の真の弁証法的把握、すなわち真理は誤謬との対立物の統一において存在し、相互に転化するという見地を否定し、あらゆる真理は条件つきであり、誤謬にも転化する可能性を持っているというマルクス主義の真理論を歪めることになってしまう。

三　マルクス主義の真理論

独学のドイツの労働者哲学者であるディーツゲンは、『人間の頭脳活動の本質』で次のように述べている。

「真理は客観的でなければならない。すなわち特定の客体の真理でなければならない。認識それ自体は真であり得ず、ただ相対的にのみ、特定の対象に関連してのみ、外部的事実に基づいてのみ、真であり得る(19)」

これが客観的真理ということについての正しい理解である。すなわち、認識や思惟は客観的な外部的事実に基づいて、あるいは特定の対象に関連してのみ真理であるのである。したがってレーニンにおけるがごとく、外部的事実や対象それ自体を真理と言っているのではない。相対的ということも、特定の対象に関連してのみ真理であるから、対象が異なれば誤謬になるという、誤謬との関係における相対性であって、レーニンのような全体的反映に対する部分的反映というような、反映が制約されているという意味の相対性ではない(20)。

エンゲルスは『反デューリング論』で、ディーツゲンと同じ見地に立って真理論をさらに具体的に論じている。

「真理と誤謬とは、両極的な対立の形で動くすべての思考規定と同じように、ごく限られた分野に対してしか絶対的な妥当性を持たない。……真理と誤謬との対立を、先ほど述べた狭い領域を超えて適用するや否や、対立は相対的となり、したがって正確な科学的表現法としては役立たなくなる。もしまたこの対立を絶対的に妥当するものとして右の領域を超えて適用しようとするなら、いよいよひどいしくじりに落ち込む。対立の両極はその反対物に転化し、真理は誤謬となり、誤謬は真理となる(21)」

「思考の至上性は、きわめて非至上的に思考する人間たちの系列を通じて実現されるのであり、真理の無条件の主張権をもつ認識は、相対的誤謬の系列を通じて実現されるのである(22)」

これこそ、マルクス主義における絶対的真理と相対的真理の関係なのである。そしてマルクス主義は、相対的真理に対応するものとして相対的誤謬の概念を提起するのである。

ここでエンゲルスが言っているのは、絶対的とか相対的とかいうのは真理と誤謬の対立についてであり、両者の関係についてであってそれ以外ではない。相対的真理というのは、誤謬との対立が相対的であるような真理、つまり認識の中にわずかではあるが誤謬が入り込んでもはや絶対的に真理であるとは言えないような真理をさしているのである。エンゲルスは誤解を避けるために、ボイルの法則の例をあげ、この法則は、温度が一定であれば、気体の体積はその気体の受ける圧力に逆比例するが、圧力が液化の起こる点に近づくや否や、その妥当性を失ってしまう、すなわち対象のこの領域に対して法則は誤謬なのであって、相対的真理とはそれに少しばかりの誤謬がこびりついている法則や命題をさす言葉なのである。相対的誤謬はこれと逆で、真理との対立が相対的であるような誤謬、わずかであるが真理が入り込んでいるような誤謬である。相対的真理を対象領域外に適用しようとするとその反対物に転化し、相対的真理の真理の部分が誤謬に、誤謬の部分が真理となって、相対的誤謬となる(23)。

レーニンのフォイエルバッハ的な解釈によると、対象的真理＝客観的真理＝絶対的自然＝絶対的真理となり、人間の認識としてはこの客観的な世界をすべて反映したものが絶対的真理、部分的に反映したものが相対的真理となる。エンゲルスは絶対的とか相対的とかいう言葉を、認識相互の対立に使ったのに対して、レーニンでは対象と認識との対立にすり替えてしまっている。そしてここから出てくる結論は、部分的に不完全に反映したものが積み重なって全体を反映するようになるという捉え方であり、「相対的真理の総和から構成される絶対的真理(24)」という規定となる。それゆえ、マルクス主義で言う絶対的真理は、相対的真理に比べて対象領域の幅が狭いのに、それ自体で絶対的真理としての資格を有し、このレーニン的絶対的真理は逆転して相対的真理より対象的領域の幅が広くなる結末となる。しかもここで看過してならないのは、マルクス主義で言う相対的真理はそこに誤謬がこびりついているので、これをいくら積み重ねても依然として誤謬がついてまわるのであり、決して絶対的真理は形成されないのである。ところが、レーニンはこれを否定して絶対的真理が成り立つとするのであるから、ここから真理論を展開していくと、この絶対的真理が誤謬を伴わない以上、これを構成する部分的な不完全な認識も誤謬を伴わないことになってしまう。したがってレーニンの「総和」規定を受け入れると、否応なしにマルクス主義で言う相対的真理を誤謬を伴わない真理としてしまい、マルクス主義の意味での絶対的真理と同一視してしまうことになる。

四　レーニンの記号論

言語は最初、象形文字に見られるように、対象の感覚的反映として表現された。しかし社会の進歩に伴い、表現が複雑になるにつれて、次第に感覚的所与の痕跡を離脱して抽象化され、超感性的表現となるに至った。だが、人間が事物を認識しその思想を表現する場合、超感性的言葉は畢竟感性的な手がかりを求める(25)。それゆえ、言語とは超感性的なものと非言語的感性的なものとの統一となる。記号と言えど表記と音声との相互転換ができないことを除けば、今述べた言語に関する記述と同様である。

科学は現象の背後に横たわる本質、すなわち普遍的法則を認識するのであるから、対象それ自体が超感性的である。これを記号で表現すると、今述べた言語に関する記述から明らかなように、概念にはその記号から感性的な手がかりがあたえられる。この立体的な論理を正しく把握しないで平面化したところに、ヘルムホルツの「象徴理論」が出てきた。

彼は「感覚は外的作用の記号とは見做されうるが、模像とは見做されない(26)」と言い、また「記号は、記号されるものと何の相似もあることを要しない(27)」と述べている。記号は表現として存在するばかりでなく、科学者が概念を駆使して事物を認識するときには、それを観念的な記号として捉えている。前のヘルムホルツの見解では、この記号からあたえられる概念の人工的な感性的な手がかりと、外界からあたえられる感覚的な反映（模像）とが、感性的だという点で共通しているがゆえに、両者を同一視してしまい、後者が外界の反映であることを否定してしまったのである。また後の見解では、記号あるいは記号からあたえられる概念の人工的な感性的な手がかりが、認識の対象である超感性的なものと感性的に何の相似もないということから、記号あるいは概念がその超感性的な側面で対象と相似しているということ、すなわち相似の存在していることまで否定してしまったのである。

レーニンは『唯物論と経験批判論』でヘルムホルツを取り上げ、批判している。だが彼は、記号そのものの持つ性格をまったく理解していなかったために、感覚は記号とは別で、同一視すると不可知論に陥ると主張するに止まり、したがってヘルムホルツを克服することができなかったのである。レーニンは言う。

「模像は、必然的に、不可避的に、『模写される』ものの客観的実在を予想している。『符号』、記号、象形文字は、まったく不必要な不可知論の要素を持ち込む概念である(28)」

しかしながら、科学者の使う記号は決して主観的な遊戯として創造されたものではないはずであり、この記号にはそれに対応する客観的実在が認められなければならないはずである。記号を認めることが不可知論なのではなく、ヘルムホルツのように、記号の感性的なあり方と模像の感性的なあり方とを同じ構造と見做すことがそれへ導くのである。記号とはいかなる性格を有するか、そして科学者がなぜ記号を必要とするかを全面的に展開しなければ問題を真に究明することにはならない。レーニンはヘルムホルツの不可知論を否定し、「象徴理論」を破り捨てただけで、同じように記号の感性的な形に目を奪われてしまい、概念の持つ矛盾を究明できなかったのである。

五　レーニンの「論理学、弁証法、認識論の同一性」

レーニンは『哲学ノート』で、「論理学、弁証法および認識論［この三つの言葉は必要ではない…これらは同一のものである］(29)」と言っているが、はたしてそうであろうか。

まずはじめに、認識論とはどういう科学であるべきかから検討してみよう。これは人間の認識のあり方を具体的に解明する個別科学として展開されてしかるべきものである。ところで弁証法という科学も、やはり認識の一つのあり方であるから、これも認識論の中で問題にされなければならない。弁証法が認識の一形態である以上、認識論の一部は弁証法にさかのぼらなければならない。だがそれと同時に、認識そのものは弁証法的な性質を持っているから、認識論は全面的にこの弁証法的な性質を問題にしなければならない。こうして、二つの側面から弁証法の問題が認識論の中に入り込んでくる。マルクス主義者が、古い形而上学的な認識論を克服して、弁証法的認識論を建設し、認識をその運動と発展において取り扱う具体的な認識論を提供しなければならないという点では、誰も異論はないはずである。もちろん、この認識論を展開すれば、認識を貫いている必然性、認識の持つ論理構造も明らかになるであろうが、この論理構造を抽象的に取り上げるだけでは認識論を解明したことにはならない。真理が誤謬に転化し、科学が反科学や宗教に転化することなど具体的に論じながら、弁証法が反弁証法に転化することもやはり取り扱わなければならない。この点で、認識論は認識の弁証法的な性質を考察し弁証法そのものを考察するが、認識論と弁証法は同一のものではない。

では次に、論理学とはどういう科学であろうか。言うまでもなく事実の論理構造を解明する一つの個別科学である。論理学において事実が論理的カテゴリーとして捉えられ、展開していくのであるから、具体的な認識の発展を捉えていく認識論とは内容的にも別のものである。だが、具体的な認識のあり方の一部にカテゴリーと呼ばれる認識が存在し、認識論の一部にカテゴリー論が入ってくると同時に、認識そのものの展開が論理的な性質を持っていて論理学の対象となるという意味で、二つの側面から論理学の問題が認識論の中に入り込んでくる。しかし、論理学と認識論は交叉しているが相違もあることは、形式論理学のことを考えてみてもすぐわかることである。形式論理学と認識論とは同一のものであるなどと言えば、おかしな言い方だと受け取られよう。弁証法以外に形式論理学を認めるなら弁証法という言葉以外に論理学という言葉を必要とするし、論理学と認識論を区別するならその他に認識論という言葉も必要であろう。以上のことから結局、弁証法と論理学と認識論は互いに浸透し合っているが、それぞれ個別の科学であって、三つの言葉は必要である、ということになるであろう。

それでは、なぜレーニンはこんな誤りに陥ったのであろうか。『唯物論と経験批判論』執筆当時、レーニンのドイツ古典哲学の研究はまだ不十分であった。マルクス、エンゲルスによるヘーゲル批判を、正しくかつ具体的に理解しているとは言えなかった。そこにヘーゲルの『論理学』を読んで、これに引きずられてしまったものと思われる。もともとレーニンには、認識をさす言葉をその認識の対象へ持ち込む傾向があった。客観的真理という言葉は、客観的事物と結びついている真理という意味で、認識をさす言葉であるが、レーニンは、すでに述べたように、『唯物論と経験批判論』でこれを真理をつくり出した客観的実在の意味に解釈している。そしてこの解釈は、『哲学ノート』においても見られた。したがって、認識をさす言葉である弁証法を、この認識をあたえる事物に持ち込むヘーゲルのやり方に疑問をもたず、そのまま受入れたとしても、やむをえなかったという気がする。事実、「事物の弁証法が理念の弁証法を創造するのであり、その逆ではない(30)」(傍点―レーニン)などと、ヘーゲル流の言葉の使い方をして、マルクス、エンゲルスの「還元」を無視し、「還元」以前に逆もどりしてしまっている。

この逆もどりはどんな結果をもたらすか？　まず、せっかくマルクス、エンゲルスが批判したところの、弁証法的な性質と弁証法との区別が消滅させられ、すべては弁証法一本に解消させられてしまう。私たちの認識は弁証法的な性質を持っているが、この性質は認識独自の具体的なあり方として認識論で展開され、外界の事物と相通じる抽象的な論理として論理学で展開されているわけである。それゆえ、同じく認識を扱いながら、二つの科学はその扱い方を異にしている。いま弁証法的な性質を弁証法と呼べば、扱い方がどうあろうと、どちらも弁証法についての科学になってしまい、弁証法という言葉さえあれば他の言葉は不必要だと言うことになる。したがって、弁証法についての一つの科学にこれまでの認識論も解消すべきだ、という結論になってしまうのである。

おわりに

三浦のレーニン反映論批判をかい摘んで言えば、レーニンは、マルクス、エンゲルスの哲学的見解を十分に理解していたとは言えず、フォイエルバッハやヘーゲルに引きずられた側面がある。それは認識をさす言葉をその認識の対象に持ち込む傾向である。すなわち、対象的・客観的事物と結びついている真理という意味で、認識をさす言葉であるが、それを真理をつくり出した客観的実在の意味に解釈してしまったということである。この解釈はいかなる理論的帰結に導くか？　認識をさす言葉をこの認識をあたえる事物に持ち込むのであるから、ヘーゲル論理学を研究した際、ヘーゲルに引きずられてしまい、

「弁証法こそ（ヘーゲルおよび）マルクス主義の認識論である(31)」（傍点―レーニン）ということになり、例の「論理学、弁証法、認識論の同一性」という結論が出てくる。

エンゲルスは『反デューリング論』で、「弁証法とは、自然、人間社会および思考の一般的な運動＝発展法則に関する科学……である」と言っているが、この命題の前で「各々の特殊過程の特殊性を考慮の外においているのである(32)」とも言っている。しかし、旧ソ連において哲学の「レーニン的段階」が確立され、それが国際的「権威」となるや、論理学や認識論の研究も「特殊過程の特殊性を考慮」することなく、弁証法一般で事足りるという風潮が生じた。論理学の分野において、形式論理学を弁証法の特殊な形態だとする解釈が生まれたり、弁証法的論理学そのものの研究が遅々として進まなかったことなどがこれを証明している。また認識論においても、唯物弁証法イコール認識論であるから、例えば芸術における認識と表現の問題の解明においても、認識（科学）に芸術（表現）を従属させてしまったり、リアリズム論の展開もその一般的な規定を論じるだけで、少しも具体的な創作方法を明らかにしなかったことなどが証明している。

それから言語の解明においても、言語が概念を表現しているとして、概念を唯物論的に解釈すればそれで事が済むというものではない。唯物弁証法を深化させてそこにおける表現の論理構造を解明し、概念の形成につきまとう矛盾と、概念の表現につきまとう矛盾とが互いにどう規定し合い、結びついているかを明らかにしなければならない。概念形成につきまとう矛盾とは何か？　それは、超感性的で、透明な、それ自体区別すべき手がかりを持たない概念を、どのようにしてそれぞれ異なった概念として正しく区別して運用し、思考を進めていくかという問題である。このときたとえば、イヌはワンワンと吠え、ネコはニャーゴと鳴くというように、それぞれの動物の種類に特徴的な感性的な手がかりを掴んで、そこからこの動物は何かどの種類に属するかという見当をつけていくのである。では、表現につきまとう矛盾、およびこれと前者との相互関係についてであるが、今述べたように、それぞれの概念は自らを他者と区別するために感性的な手がかりを「恋して」いた。これまではそれは対象の側からあたえられていた。今度は逆の方向から、表現の側から誘いをかけられたのである。概念が「恋して」いるのは感性的だという点であって、どこからやって来ようとその出身地を問うわけではないから、喜んでこの誘いに応じて新しい結びつきが成立していく。今、水とアルコールとガソリンをガラス瓶に密封してつきつけられれば、すべて無色透明であって区別に困ってしまう。この場合、液体の質的な違いに対応させて、レッテルの文字や符号の感性的な違いをあたえて解決する。ガラス瓶のレッテルに相当する、概念の運用になくてはならない感性的な手がかりの根拠は、このようにして、言語の発展の中で対象の側から表現の側へと逆転し、このことによってさらに飛躍的に発展していくのである。言語の発展とともに、その反作用として次々と概念は感性的な手がかりを獲得し、概念を運用して思考することも発展していく。

今述べた超感性的な透明な液体に、レッテルの文字や符号という形で感性的な手がかりをあたえる、ということは、とりもなおさず超感性的なものと感性的なものとの統一という、新しい矛盾をつくり出したことである。これは矛盾を消滅させて克服するのではなく、まだ存在していない矛盾を実現させ維持していくことである。レーニンは弁証法の理解に関し、矛盾を消滅、克服する側面としてのみ捉え、新しい矛盾の実現、維持の側面を把握しなかった(33)。このことは、旧ソ連においてマルクス主義言語論が体系として展開されなかったことと無縁ではあるまい（レーニンのヘルムホルツ批判からして、当然記号論の展開も）。

私は、三浦がソ連崩壊以前にレーニンの反映論および弁証法を批判できたことが、マルス主義理論体系の分野で「空白」であった芸術論や言語・記号論を彼が創造的に展開できたことと無縁ではないと評価するものである。

注

（1）三浦はレーニンの唯物論の他に、弁証法、国家論等にも疑問点を提出している。なお、これからの彼の論述は、『選集』勁草書房、第二巻と『レーニンから疑え』芳賀書店による。

（2）『マルクス・エンゲルス全集』大月書店、第三巻、三ページ。

(3)『レーニン全集』大月書店、第一四巻、一一七ページ。
(4)前掲書、一四二ページ。
(5)前掲書、一六〇ページ。
(6)『フォイエルバッハ全集』福村出版、第二巻、一四〇ページ。
(7)前掲書、一五四ページ。
(8)前掲書、一五九ページ。
(9)『マルクス・エンゲルス全集』大月書店、第三巻、三ページ。
(10)『フォイエルバッハ全集』福村出版、第三巻、二三八ページ。
(11)『レーニン全集』大月書店、第一四巻、一五一ページ。
(12)『レーニン全集』大月書店、第三八巻、一八五ページ。
(13)前掲書、一八七ページ。
(14)前掲書、一七四ページ。
(15)『レーニン全集』大月書店、第一四巻、一四五ページ。
(16)前掲書、一四一ページ。
(17)『フォイエルバッハ全集』福村出版、第一一巻、一七一ページ。
(18)『レーニン全集』大月書店、第一四巻、一五八ページ。
(19)ディーツゲン『人間の頭脳的活動の本質』未来社、六一ページ。
(20)なぜレーニンはフォイエルバッハの真理論を受入れて、ディーツゲンの真理論の正しさを評価しなかったのであろうか？　三浦によれば、マルクスはフォイエルバッハの著作にも、ディーツゲンの著作にも混乱があると述べていた。レーニンもそれを承知していた。しかし、こと哲学に関しては自分は素人にすぎないと自覚していたレーニンは、自分と同じように素人であるディーツゲンよりも、哲学の専門家であるフォイエルバッハの方をより信頼したのではないか、というのである。

(21)『マルクス・エンゲルス全集』大月書店、第二〇巻、九四ページ。

(22) 前掲書、八九ページ。

(23) 三浦はこの相対的誤謬の例として、次のようなことを述べている。「JRは地上を走る」「地下鉄は地下を走る」は真理で、「JRは地下を走る」「地下鉄は地上を走る」は誤謬であるが、これらはいずれも相対的真理・相対的誤謬である。なぜならJRも丹那トンネルでは地下を走り、地下鉄も後楽園では高架の上を走っているからである。もし対象領域を無視して、これらのところに先の相対的真理を押しつけるなら、「JRは地上を走る」「地下鉄は地下を走る」はもはや妥当性を失って誤謬に転化し、反対に相対的誤謬であった「JRは地下を走る」「地下鉄は地上を走る」が真理に転化する。

(24)『レーニン全集』大月書店、第一四巻、一五六ページ。

(25) この場合の感性的な手がかりとは、対象を模写した感性的な側面ではなく、概念と結びついた感性的な種類としての側面である。

(26) ORIGINS OF PSYCHOLOGY, A COLLECTION OF EARLY WRITINGS, VOLUME II, NEW YORK, 1976, p. 406

(27) Ibid.

(28)『レーニン全集』大月書店、第一四巻、二八三ページ。

(29)『レーニン全集』大月書店、第三八巻、二八八ページ。

（30）前掲書、一六六ページ。
（31）前掲書、三二九ページ。
（32）『マルクス・エンゲルス全集』大月書店、第二〇巻、一四七ページ。
（33）矛盾を消滅、克服する側面としてのみ捉えたとは、矛盾を敵対的なものとしてのみ捉えたということであり、それは『哲学ノート』の「弁証法の問題について」の次の命題に典型的に示されている。「対立物の統一（合致、同一、均衡）は条件的、一時的、経過的、相対的である。互いに排除し合う対立物の闘争は、発展、運動が絶対的であるように、絶対的である」（『レーニン全集』大月書店、第三八巻、三二七ページ。）
　そして三浦は、レーニンはマルクスの『資本論』に見られる、新しい矛盾の実現、維持の側面、すなわち非敵対的矛盾の側面を理解できなかった点を強調している。「すでに見たように、諸商品の交換過程は、矛盾した互いに排除し合う諸関係を含んでいる。商品の発展は、これらの矛盾を解消しはしないが、それらの矛盾の運動を可能にするような形態をつくり出す。これは、一般に現実の矛盾が解決される方法である。例えば、一物体が絶えず他の一物体に落下しながら、また同様に絶えずそれから飛び去るということは、一つの矛盾である。楕円は、この矛盾が実現されると伴に解決される諸運動形態の一つである」（『マルクス・エンゲルス全集』大月書店、第二三巻a、一三八ページ。）

第二章　芸術における認識と表現の問題

はじめに

「ソ連邦崩壊」をきっかけに今や社会主義は「危機的状況」にある。これは直接的には、「ソ連型社会主義」が破滅したことに起因しているが、しかし真の社会主義勢力がその理論や運動において、それに代わる現在に対応した創造的な視点を、十分に提起しえないでいることにもある。それゆえ、今こそマルクス主義の自由で創造的な発想が求められている時期はない。もちろん、この達成の意義をいくら大言壮語したところで、事が済むという性質の問題ではなく、私たちの自己改革をも含めた、謙虚でねばり強い、着実な努力なしには行われえない。

そこで、このことを押し進める一つの方法として、過去のマルクス主義の論争を大胆に整理することも必要である。私は、「芸術における認識と表現の問題」のテーマの下に、これを遂行したいと思う。

一　ヴィゴツキーの美や芸術の定義

美や芸術とは何かについて、最も簡潔に定義すれば、それは虚構ということではあるまいか。ヴィゴツキーは『芸術心理学』において、そのことについて二つの側面から追求している。

まず美は歴史的現実の鏡のような反映によっては捉えられず、それはせいぜい美的創造の推測の出発点、解決の糸口、ヒントにすぎないものであって、まさに現実からの隔離にこそ美的なものの本性があることである。したがって、たとえば物語ということで言えば、その中の浮世の澱《よど》みを取り除き、それを透明なものに変え、物語を現実から引き離すことである。第二に、芸術の特殊性は無動機の分野にあり、それは自らの制約に従いこそすれ、そこではいくらかでも理性的、物質的に動機づけることのできるような特徴はすべて除かれる、ということである。

では、このような現実からの隔離や無動機の分野の問題は、いかにすれば可能となるのか。それを実現するものこそ、シラーが悲劇について述べた中で提起した、「形式による内容の克服(1)」の法則である。すなわち、これまでの美学にあっては、形式と内容の調和とか、形式が内容を具体化し補足し、伴奏するとか言われてきたが、それはまったくの誤りであり、形式が内容と闘ってそれを打ち負かすという、形式と内容の弁証法的矛盾の中に美の法則が存在するのである。

ヴィゴツキーは、この法則を解明するのに、具体的に小説や物語の構造分析を取り上げ、そこでの基本概念として素材（内容）と形式のカテゴリーを設定し、かつそれらの関係を論じている。

素材とは、作者が既成のものとして取り上げたもの、つまり生活上の関係、歴史、生活状況、性格であり、物語以前に存在したもの、物語の外にそれとは無関係に存在し、自分の言葉で説明をつけながら筋を通して語るすべてのものである。形式とは、芸術的構造の法則に従ったこの素材の作品における配置である。またヴィゴツキーは、前者を形式論者であるシクロフスキーやトマシェフスキーにならって事柄と言い、後者を筋と言っている。

それでは、素材と形式、事柄と筋はどのような関係にあるのであろうか。ヴィゴツキーは、スターンが自分の小説『トリストラム・シャンディ』を分析して、生活的事件を年代順に捉えるとするとその展開を直線で示すことができ、これに反して年代順序や自然の形で展開する素材からはずれさせる芸術的な事件の配置、すなわち筋は、直線の周囲に描かれる曲線として示したことを手本に、ブーニンの短編小説『やわらかい息づかい』を具体的に分析している(2)。

ヴィゴツキーは、この短編の創作方法の筋の構成の分析に止まらず、その補足的方法にも言及している。その中でもとりわけ重要なのは、「事実の選択(3)」ということである。彼はこれまで「形式による内容の克服」の過程を明確化するために、素材（配置）と筋（構成）のモメントをことさら対立させてきたが、実は素材そのものが選択されたものであり、すでに創造行為なのである。そして、作者が物語にとって必要な事件の特徴だけを選び出し、最も強力な仕方で生活的素材を練り上げ、仕上げるとき、すなわちこの素材に生活的評価を及ぼし始めるとき、「事実の選択」からはみ出し始めるのである。

　ヴィゴツキーが『芸術心理学』（一九二五年完成）を書いたとき、芸術の問題をめぐって主知主義者と形式主義者の論争が行われていた。前者は芸術を思考（認識）に従属させて、形象的思考と捉え、芸術的形式のカテゴリーを無視した。これに対して後者はアンチテーゼを唱え、芸術における形式の役割を積極的に打ち出した。ヴィゴツキーは主知主義に対する形式主義の思潮を「健全な反動（4）」として評価した。彼が「事柄」や「筋」、「形式による内容の克服」のカテゴリーに従ったのは、このためである。

　だが彼は、これまでの叙述からすでに明らかなように、これらのカテゴリーの制約を乗り越え、形式主義者とは異なって、芸術を認識活動との関連において把握しながら、その独自の姿を解明しようとした。ブーニンの短篇小説を分析して事柄（内容）と筋（形式）の弁証法的関係を具体的に展開したことはもちろん、特に注視すべきモメントは、今述べた、補足的方法としての「事実の選択」ということである。なぜなら、このことはすでに「創造行為」の一翼なのであり、「作者も物語にとって必要な事件の特徴だけを選び出し、最も強力な仕方で生活的素材を練り上げ、仕上げてゆく」（傍点―引用者）からである。そして、このようにして「素材に私たちの生活的評価を及ぼし始めるときに、私たちはこの

選択からはみ出し始めるのである(5)」（傍点—引用者）

この物語にとっての必要な事実の選択それ自体からはみ出し始めるとは、「創造の規則」（形式美）の形成によって達成されるが、それは「作者の言葉そのものの組織化、その言語、物語の構造、リズム、旋律(6)」によって可能となるのである。

二　旧ソ連型芸術論

すでに述べたように、ヴィゴツキーの『芸術心理学』は一九二五年にその原稿が完成した。だがその出版は、彼の多くの著作とは異なり、一九六五年にやっと日の目をみた。ではなぜ、この論文が日の目をみるのに四〇年もかかったのであろうか。この著の「監修者のまえがき」で、ア・エヌ・レオンチェフは、それを「不都合な社会情勢のたんなる結果」とすることは間違いであり、未成熟さを持つ芸術心理学を完成させるためには、どうしても心理学の究明が不可欠であった、彼の「内面的動機」に求めている(7)。

しかし、この真偽のほどはともかく、ヴィゴツキーのこの著作における美や芸術の考察は、当時のソビエトにおいて支配的であった、ベリンスキー流の認識や思考に、内容と形式のカテゴリーで言えば、内容に美や芸術を従属させた見解と相反する観点であったことは、明らかである。

このベリンスキー流の見解を無批判に取り入れ、その芸術論を展開したのは、蔵原惟人である。彼は『プロレタリア芸術の内容と形式』で、まず史的唯物論の、経済的土台が上部構造を規定する、という命題から単純に類推して、土台が上部構造の「真の客観的内容」であり、したがって「政治、経済、宗教、哲学、科学等々」はもちろん、「芸術の内容もまたこれ以外にはあり得ない(8)」と言っている。そして次に、「芸術における形式」は生産的労働過程によって形成された「形式的可能」と、芸術の内容をなす「社会および階級的必要の弁証的交互作用の中に決定される(9)」としている。

このことは第一に、芸術を科学等々の内容と同列視したものであり、第二に芸術の内容はむろんであるが、形式も経済的土台がその基盤を形成し、それとのイデオロギー的弁証法的関係が芸術における形式を決定するのであるから、それをプロパーとする経済・社会科学的認識が芸術創造の決定的要因となるのである。

三　旧ソ連型芸術論へのアンチテーゼ

このような蔵原の芸術の理解を、「対象内容説(10)」として斥け、言語の問題も含めて芸術（表現）の認識論的解明、ならびに認識（科学）と芸術の区別と関連を、全面的に分析し展開したのは、三浦つとむである（『認識と言語の理論』および『認識と芸術の理論』）。

そこでまず三浦は、芸術や表現の内容という問題の認識論的解剖を試みる。その際彼は、マルクスの『資本論』を引用して（第一部、第一篇、第一章、第四節の箇所）、ここでマルクスは、等価交換も言語表現も人間の社会的生活において自然成長的に成立してきたものだとし、価値の等置が抽象的労働の等置であり、労働生産物における価値のあり方は言語表現における意味のあり方と論理的に同一であることを主張しているのである、と述べ、経済学における価値論と言語学における意味・内容論との共通点を指摘している。

そして、マルクスにあっては、労働それ自体を価値とするリカードとは異なって、価値を持つのは労働力であり、「労働それ自体は価値ではなく、価値を形成する実体として価値の創造に関係」（傍点―三浦）しているのだとし、「労働は実体概念で、価値は関係概念」で捉えられていることを強調する(11)。それゆえ、ここから必然的に、言語的「**認識それ自体は内容ではなく、内容を形成する実体なのである**(12)」（ゴシック―三浦）という論理的アナロジーが出てくる。したがって、対象・認識説は内容を「関係概念」で捉えず、対象・認識それ自体（実体）を内容とする誤りであることは、明白である。

人間の認識も現実の世界の反映で、像であるから、認識について形式とか内容とか言う場合も、認識の対象それ自体ではなく、媒介されたものとして把握されなければならない。認識が真理と言われる場合にもその内容においてであることはむろんであるが、それはあくまでも媒介された近似的関係においてである（これこそ、弁証法である）。それが現実の世界の事物と正しく結びついていず、空想的な関係であれば、誤謬である。それゆえ、対象それ自体ではなく、媒介された関係としての反映論でなければ、真偽の問題は正しく捉えられない。

私たちが芸術作品や科学的論文の「内容」を理解しようとするとき、認識過程をフィードバックするのであるが、表現されたものはこの手がかりを「形式」としてあたえられているのであって、この「形式」に従って「内容」を近似的に再現するのである。だが、認識と表現の間には矛盾がある。なぜなら、芸術家や科学者が対象を認識するとき、彼らは具体的な、生き生きとした現実の事物を見ているのであるが、表現された「内容」は、たとえ芸術作品と言えども、それから抽象され、形骸化された「形式」であり、それを私たちは具体的なイメージを駆使してフィードバックするのであるから。このことからもまた、表現における内容とか形式とかは、認識の対象それ自体ではなく、対象から媒介された関係だ、ということが判明するであろう。

現実の世界それ自体は、人間の意識や主観にかかわりなく、客観的に存在する世界である。しかし、それを認識するためには、認識主体としての主観と認識される客体としての客観というカテゴリーを設定しなければならない。そして、認識論にあっては、主観と客観は対立すると同時に不可分な概念である。だが、この不可分性ということから、主観の設定によって実体としての客観的世界が存在するという解釈は許されない（なぜなら、それは主観に依存しない存在だから）。そうではなく、主観の設定によってあくまでもそれとの関係において、客観という概念が規定されるのである（客観的実在）。主観と客観とは不可分の関係にあると同時に、現実の世界それ自体は主観から独立しているという、この矛盾を看過して、不可分関係を実体としての不可分性にまで持ち出すところに、観念論が成立するのである。

対象・認識説では、この観念論とは逆に内容を実体として把握し、物のあり方としての形式と内容との論理構造をそのまま像のあり方にまで持ち込むのであるから、内容が形式の成立以前にすでに存在することになる。形式に優先してまず内容が成立することになる。内容を関係概念で正しく捉えれば、表現形式を創造することは同時に、そこに作者の認識との関係も創造されるわけで、形式の成立は同時に内容も成立することである。

ところで、表現における形式と内容の問題を、スコラ学的に論じることは無意味であるが、どちらが表現において決定的かは重要な問題であり、認識論においても内容のいかんが真偽を決定するだけに、表現の場合も形式に比べて内容が決定的な役割を果たすと言わなければならない。認識の場合に、対象が消滅してもそれとの関係は内容と結びついているのだが、表現の場合も認識が消滅してもそれとの関係は内容と結びついている。この表現と認識との関係の仕方は、創造の背後にあっては、まさにヴィゴツキーの「事実の選択」が示しているように、複雑豊富な認識がすでにアウフヘーベンされているということであり、それゆえ形式と内容の創造においては、何にもまして内容が決定的な役割を果たしているのである(13)。

四　（言語的）芸術や表現の論理構造、および芸術と科学の相互浸透

これまでは主に、対象・認識説と対比させて、三浦の芸術や表現の認識論的解明を行なってきたが、次にこのテーマ自体を深く掘り下げよう。

まず三浦は、（言語的）芸術や表現の論理構造を分析すれば、次の三項目にまとめられる、とする。㈠対象の世界の客観的な変化ないし発展の過程、㈡対象の反映（ノン・フィクション）あるいは幻想的な反映（フィクション）である認識（表現の内容を形成する実体）、㈢表現。そして、この三項目は相対的に独立しながらも、複雑に相互浸透している。また、㈠と㈢の中間項をなすのは㈡である。

そこで、三者の相互関係について述べれば、「対象それ自体の時間的なあり方とは直接の関係なしに、（作者が―引用者補筆）検討を加えることによる認識の発展が存在し、これが表現をも規定してくる[14]」（まさに、ヴィゴツキーのブーニンの『やわらかい息づかい』の配置図と構成図の分析、ならびに物語にとっての必要な「事実の選択」だ[15]）。したがって、「文章における表現の展開は究極的に対象のありかたによって規定されているのであるが、**その対象に表現主体がどうかかわっていくかという構造が存在するために、認識ひいては表現の展開が対象それ自体の客観的なありかたとくいちがってくるけれども、そのかかわり合いに表現主体の能力が発揮され、技術がものをいい、認識ならびに表現に**

個性があらわれるのである」（傍点、ゴシック―三浦）

現実の対象は無限で、私たちがどんなにあくせくしたところで、それを余すところなく認識することはできない。空想の対象とて同様である。したがって、表現にしても認識のすべてを忠実に表現することはきわめて稀で、多くはそのある側面だけですませている。ただしその場合、簡潔な文章となるか、詳細な文章となるかを問わず、捉え方や表現の省略の仕方はそれなりに合理的でなければならない。なぜなら対象のあり方に即して、どうしても見逃してはならない部分をつかんで表現していなければ、追体験が不十分となり、読者に混乱をもたらすからである。

追体験を可能ならしめる際、読者の想像力に多くを依拠するときは簡潔な表現となり、どうしてもそうできないときにはそれなりに長い文章となるという形で、対象が表現を規定する。だがそればかりでなく、逆に表現（形式）が対象（内容）を規定する側面もある。

三浦は、そのケースとしてたとえば、短編小説を書くとか、長編小説を書くとかの選択は、それぞれの文章の長さを生かした出来事や内容を考えるようになること、文学のジャンルの転換（短編小説から戯曲やシナリオへの脚色等）、短詩型文学（俳句）における十七音、季語、切れ字の規範。それから、対象とかかわり合う表現主体の立場のパターンの問題として、ノン・フィクションの場合、ある対象の忠実な描写そのこと自体が作者の立場や主張を強くあらわす場合や、対象それ自体の再現だけでは理解されにくいとみて、それに作者の感情や意見や批判を加える、フィクションの場合、作者の分身ともいうべき登場人物に自己を代弁させたり、あるいはそれを具体的な出来事を媒介にして読者が追体験するように構成したりしなければならないこと、等をあげている。

では最後に、科学（認識）と芸術（表現）の相違と相互浸透の問題について、三浦の見解を論じよう。蔵原は、「プロレタリアートの観点——弁証法的唯物論の方法によって、整理され統一された現実は、それが現実を認識する唯一の正しい観点であり方法である限り、現実における客観的なるものと一致し、現実の本質の表現となる(16)」と言っている。

これは完全に、科学と芸術、認識と表現は内容的に同一である、というベリンスキー流の解釈である。これに対して三浦は、両者の内容は並列的でも同一でもなく、存在する段階が異なっているのである、と次のように明白に区別する。

「科学の内容は**認識内容**であり、それを形成する実体は科学者の認識の対象すなわち法則性である。これに対して芸術の内容は**表現内容**であり、それを形成する実体は芸術家の創造した内部世界すなわち観念的な世界である。第二に、科学は対象の法則性の忠実な反映であり空想の混入をきびしく拒否する。……これに対して芸術は芸術家の創造した内部世界がいかなるものであろうとさしつかえないのであって、科学的であろうと神学的であろうと、ノン・フィクションであろうとフィクションであろうと芸術の内容を形成する実体であることに変わりはない(17)」（ゴシック—三浦）

このように三浦は、科学と芸術の内容を相対的に区別したうえで、両者の相互浸透の問題に進む。

ここでもまた、まず科学と芸術の相違について触れる。科学と言えどその未来像や過去像を形成する際、空想や想像に依拠するが(18)、しかし基本的な観点はあくまでも抽象的な非現実的なところにおきつつ、抽象的なものから現実的具体的世界に移行するのである。かたや芸術は、この「移行」してきたとき、意識的に空想や想像を駆使して、ＳＦや歴史小説を創作するのである。あるいは、科学者は抽象的、非現実的観点へ移行しながらも、対象のあり方を忠実に捉え、ノン・フィクションをめざして努力する態度を一貫して変えない。だが、芸術家は現実的、具体的な観点でノン・フィクションをめざすこともあれば、意識的にフィクションの世界を創造して、そのフィクションの世界の中の現実的な観点で、世界のあり方を忠実に捉える態度をとることもある。つまり、どちらの観点も「分離・二重化」するが、その「二重化の形態」が異なっているのである(19)。

そして、この「二重化の形態」が違うとはいえ、両者は相互浸透する。

「芸術家がフィクションの世界の材料として現実の世界のありかたを切りとってくるときに、……それを本質的に深くとらえるための科学者的な活動が行われることもありうるし、また必要なことである。ただその科学者的な活動は抽象的な切りとりであるから、それがフィクションの世界の骨組みとなるときに芸術家のさまざまな生活体験と統一されるのでなければ、図式があま下るかたちになってしまうであろうが、芸術活動の中に科学者的な観点が入りこんでくることはそれなりに正しく検討されねばならない。また科学者の科学活動にしても、その抽象的な観点を止揚してふたたび現実の科学者の観点に立ちもどったときには、現実的な観点でノン・フィクションを目ざす芸術家の観点と一致する(20)」

おわりに

蔵原に代表されるベリンスキー流の芸術の理解（対象・認識説）は、物のあり方としての形式と内容との論理構造をそのまま芸術や表現に持ち込むものであった。またこれは、科学と芸術を同列視すると同時に、科学的認識に芸術（表現）を従属させるものであった(21)。

これに対して、三浦はアンチテーゼを唱え、このような芸術の把握は、芸術の認識的構造を「関係概念」で、すなわち媒介された関係で捉えず、対象・認識それ自体（実体）と同一視するものと、きびしく批判する。そして、（言語的）芸術の論理構造を、㈠対象の世界、㈡作者の認識、㈢表現の三項目に区別するとともに、㈡が㈠と㈢の中間項、そして三者は複雑に相互作用していることを示した。最後に彼は、科学と（認識）と芸術（表現）の相違と相互浸透の問題を解明し、このような見解を「認識の過程的構造をとらえた認識論(22)」と言っているのである。

注

（1）ヴィゴツキー『芸術心理学』明治図書、三〇一ページ。
（2）ヴィゴツキーは、配置図（事柄）をA～Oとa～gの二一項目に分けてその構成図（筋）を展開しているが、紙数の都合上いまここでその詳細を述べるわけにはいかない。彼の著作を読んでいただきたい。しかしながら、この分析に関して一言すれば、なぜ文学作品において配置と構成の対立物が設定されるのか、ということについてである。それは外界の事物には現実性が一つしかないが、芸術的リアリティーはまさにこの心理的現実性を描くことであるからである。ジャネーは心理の世界の現実面として一二（後には一七）の区別をあげている。
（3）前掲書、二二二ページ。
（4）前掲書、七七ページ。
（5）前掲書、二二二ページ。
（6）前掲書、二二三ページ。
（7）前掲書、六ページ。
（8）『蔵原惟人評論集』新日本出版社、第一巻、二四九～五〇ページ。
（9）前掲書、二五五ページ。
（10）三浦はこの規定の他に、中野重治、ルフェーブルに代表される、作品の内容は作者の頭の中に存在する観念的な世界、すなわち認識なのだ、とする「認識内容説」、横光利一に見られる、内容はそれを鑑賞する者の頭の中に成立する認識だとする、「鑑賞者認識内容説」をあげている（いずれにしても、これらはおしなべて、対象・認識説としてもいいだろう)。

(11)　三浦つとむ『認識と言語の理論』第二部、勁草書房、三三七ページ。

(12)　前掲書、三三八ページ。

(13)　吉本隆明は自著『言語にとって美とはなにか』(第二巻、勁草書房)の中で、表現における内容と形式は常に「同一の総体にむかって指向する。つまり表現の総体性へむかって」(五五五ページ)と定言し、どちらが決定的かの問題は、スコラ的な習慣、俗化したヘーゲリアン的な議論である、と断罪している。
　これに対して三浦は、「論理学上の概念は、表現を扱うに当たってその特殊性によって規定されこそすれ、論理としての普遍性はやはり維持されなければならない。換言すれば、表現形式と表現内容とについての規定は、その特殊性を捨象することによって物のあり方にも妥当するものでなければならぬというのが、科学としての要請である。芸術における形式と内容だけに、恣意的な解釈を施してみたところで、それは科学にはならない」と論破している(『認識と言語の理論』第二部、勁草書房、三四三ページ)。

(14)　三浦つとむ『認識と言語の理論』勁草書房、第三部、二四五ページ。

(15)　実際、三浦は、ウールリッチの短編小説("If the Dead could Talk")を例とした配置と構成の分析をして、この叙述に入っている。

(16)　『蔵原惟人評論集』新日本出版社、第二巻、二五〇ページ。

(17)　三浦つとむ『認識と芸術の理論』勁草書房、一二二ページ。

(18)　三浦は、この科学の未来像や過去像を実想と呼び、空想や想像一般から区別している。

(19)　前掲書、一三三ページ。

(20)　前掲書、一三三〜四ページ。

（21）科学的認識に芸術を従属させることは、思惟に芸術を従わせることであり、これはヘーゲル的見地である。ベリンスキーは素朴な唯物論者であると同時に、この点でヘーゲリアンであった。

（22）前掲書、一三四ページ。

第二部　哲学の再生

第一章　唯物論的現象学構築の試み――サルトル哲学の検討

はじめに

マルクス主義はかつて科学的と称する階級理論一辺倒によって人間および社会諸現象を分析、展開して事足れりとした。そこにおいては、個人や、家族、居住集団、生産集団等の社会諸集団の概念が欠落し、すべてその階級意識論によって押し切られた。かつて文芸評論において、芥川龍之介の文学が「敗北の文学」の観点からのみ捉えられ、またマルクス主義哲学者が人間性と人格の理論を論ずるのに、その問題自体に「いっさい」言及せず、人間の自然的、社会的、経済的、政治的諸条件の考察のみに終止したことは、このことを端的に物語っている。

サルトルはかつて『方法の問題』において、硬化したマルクス主義の個人と階級というその図式的な対立を克服するために、両者の間に家族その他の社会諸集団の段階的媒介概念を介添えさせる必要性を説き、その方法として、個人の意識の縦の方向に関わる少年時代の生活環境を重視する精神分析学の成果と、社会的意識の横の総合に関わるアメリカ社会学の調査方法をマルクス主義が批判、摂取することを提案した。そしてサルトルは、諸個人の歴史創造の契機である弁証法的乗り越えとして実存主義的「投企」のカテゴリーを提起している。

今日においてもマルクス主義は、いまだこのサルトルの精神分析学と社会学の方法を批判、摂取すべきことを受入れてはいない。また、「投企」のカテゴリーを真摯に検討することもしていない。私の小論はそれに答えようとするものである（社会学の方法の批判、摂取を除いて）。

一　サルトルの『存在と無』における中心的カテゴリー

サルトルの『存在と無』における中心的カテゴリーは、「定立（措定）」、「非定立（非措定）」と、「即自」、「対自」・「無」・「脱自」である。

サルトルはブレンターノ、フッサールの意識の本質的特性である「何ものかについての意識(1)」（傍点―フッサール）の規定を補って、「意識は何らかの対象についての定立的な意識である(2)」（傍点―サルトル）と言っている。これは、何らかの対象、すなわち超越的な対象を定立しないような意識はありえず、超越が意識の本質的構造であることを示しており、意識は意識であらぬ一つの存在に向けられていることである。しかしそれと同時に、意識は（自己についての）非定立的な意識なのである。では、この非定立的とはどういうことか。それは、意識は自分が何ものかについての意識であることを、それとなく意識している。そのそれとなく、が非定立的ということである。この場合、定立的、非定立的を、措定的、非措定的と置き換えてもいい。要約すれば、……についての（傍点―筆者）と強調したほうが、定立的、措定的な志向性であり、（について）とカッコに入れたほうが、非定立的、非措定的な志向性である。この非定立的な自己意識は、自分が何ものかについての（傍点―筆者）意識であることの自己証人としての意識であり、デカルトのコギトの明証性と同様、意識の明証性の根拠を言い表したものである。

さて、以上の現象学的特性である「定立（非定立）」、「措定（非措定）」のカテゴリーを、「存在とは何か」という哲学本来の問題において展開したのが、「即自」、「対自」・「無」・「脱自」のカテゴリーである。

先の「何ものかについての意識」の「何ものか」は存在であり、それについての意識は「定立」である。だが同時に意識は「非定立」である。ということは、存在と意識の間には裂け目があることである。そのようなとき、意識という裂け目を自己の懐に包みながらも、意識から隔てられている存在構造を、サルトルは「即自」または「即自存在」とした。それに反して、意識は自己にとって（傍点―筆者）自己に対して（傍点―筆者）何ものかが存在するという仕方で存在する。このような存在構造をサルトルは、「対自」または「対自存在」とした。しかし、もともと存在と言われるのにふさわしいのは「即自」である。「対自」のほうは、仮に対自存在と名づけられるものの、実は存在する何ものかではなく、「存在の他」、すなわち「存在の無」でしかない。そして、この「対自存在」の特質は、「即自存在」の特質である「それがあるところのものである」ということのまったき「自己同一性」との対比において、むしろ「それがあるところのものであらず、それがあらぬところのものである[3]」という不断の「自己脱出」、「脱自性」と規定される。

サルトルは「対自存在」のあり方をまとめて、次のように言っている。人間存在は自己自身の「無」である。存在するとは、「対自」にとって、「対自」がそれであるところの「即自」を無化することである。この無化作用、不断の自己脱出、自己変革こそ人間の自由の証しである。また、この「即自」、「対自」・「無」・「脱自」こそ「実存が本質に先立つ[4]」ことなのである。

では、サルトルの現象学の著しい特徴はどこにあるのか。それは「対自」、すなわちその超越論的意識において確認される確実な存在がたんに措定的自己意識だけでなく、同じく自己意識を持った「他者」の存在もまたそうだ、という点にある。つまり、一般に意識というものがコギトを通じてその存在を確認するのと同様に、たとえば「羞恥」意識のようなある特定の意識が、やはりコギトを通じて「己れ自身が他者にとっての対象である[5]」という己れの「対他存在」（「即自存在」化した「対自存在」）

を確認し、そのように私の方を「即自存在」化する（私から完全に独立した）「対自存在」としての他者の存在を確認することである。これはあくまでも私の「まなざし」の対象となった客体としての他者ではなくて、（これこそ「現象学的還元」であるが）、逆に私の方を「まなざす」主体としての他者の承認である。これは、フッサールの「感情投入」による他者構成論に見られるような、あらかじめ己れの自我の存在を前提として、そこからの類推で他者の存在を確認する（近代的）自我主義的傾向と訣別した他者論である。また、サルトルのこの「まなざす」主体としての他者論は、ハイデガーの「現存在」の定義である「この存在者にあっては己れの存在が己れの存在において問題になるという点にこそある(6)」（傍点―筆者）を継承しつつ、この命題の上に「その存在が己れ以外の存在に関わるかぎりにおいて(7)」を付加したことによって成立した。これは、第二次世界大戦前のハイデガーまで規定してしまっていた自我主義的（独断論的）傾向を超克した結果である。

ところで、サルトルのこのような他者論はややもすれば、人間関係における「相克」の側面だけが強調されて、ホッブズ流の考えと混同され、不評を買ってきた。だが、これは一面化による誤解であり、彼の真意はそれとは逆に、他者の「まなざし」によって生じた己れの「対他存在」の受容を通じて、先の対自の「脱自性」、自己変革をはかることにあるのである。

二　『存在と無』における中心的カテゴリーとその後のサルトル哲学へのアンチテーゼ（その一）

サルトルの『存在と無』における「まなざす」主体としての他者論は、フッサールやハイデガーの私の「まなざし」の対象となった客体としての他者という、近代的自我主義のドグマを超克した新しい地平であったことは、今しがた述べたばかりである。それでは、この地平は現象学的還元を超克するものであったであろうか。

その答えは否である。なぜならそれは、存在が第一義的で意識はそこから派生したものであり、それゆえ存在が意識を決定し（たとえ社会的・歴史的存在であっても）、したがって意識は存在を反映したものであるという地平にまで到達しなかったからである。サルトルがいかに「意識は何らかの対象についての定立的意識である」と述べ、意識は意識であらぬ一つの存在に向けられていることを強調しても、所詮あくまでも意識にとっての存在であり、現象学における対象志向性を否定したものではない。そして、この定立的意識に対して、意識は自分が何ものかについての意識であることをそれとなく意識しているという、非定立的意識が述べられているのであるから、これでは現象学的還元がまかり通るというものである。

以上の根本的論述を背景に、その後「即自」、「対自」・「無」・「脱自」、「対他存在」・「まなざし」のカテゴリーが展開されるのであるが、「即自」あるいは他者といっても意識から独立している客観的なものではなく、あくまでも対象志向性という現象学的把握であり、またそれに伴うカテゴリーも客観的反映を前提とした交互作用として陳述されるのではなく、意識それ自体のあり方としてのみ捉えられ、「対自」・「無」・脱自」、「対他存在」・「まなざし」と展開されていくのである。

サルトルの『存在と無』におけるこれまでの諸カテゴリーは、一言でいえば、状況の「乗り越え」すなわち「投企」である。「乗り越え」、「投企」はこれまで哲学における存在論の領域で論じられたが、これを歴史的具体的状況の場で論じたものが『唯物論と革命』である。

この著はまず、反映論をカント哲学におけるような構成的（能動的）モメントを欠いているため、まったくの受動的なものとしている。次に、自然には弁証法的な発展など存在せず、それが在るのは歴史のみであるとして、エンゲルスの自然弁証法を否定している。

さらにサルトルは、スターリンの史的唯物論に言及し、スターリンは一方では上部構造（社会の思想、理論、政治的見解、政治制度）は社会の物質生活によって決定されると言いながら、他方では新しい社会思想や理論は社会の物質生活の発展が社会の前に新しい任務を提起した後に生まれる、という矛盾点を指摘している。そして、これは物質と精神の二律背反であり、客観主義と主観主義を内包するものだと言う。

このサルトルの指摘は正鵠を射たものと言えよう。なぜならスターリニズムこそ、革命運動における客観主義と主観主義の最たるものだったからである。

サルトルはスターリニズムへのアンチテーゼとして、革命運動における「投企」のカテゴリー——自由の哲学を提唱する。自由の哲学とは何か。簡潔に言えば、資本主義社会において労働者は賃金奴隷制を強要されているが、しかしこの人間を物化・道具化する状況を主体的に乗り越えることによって自由を獲得するということである。また、社会主義が社会のより理性的な組織をつくりあげたとしても、自由の支配を実現しなければいかなる価値もないと言うことである（この後者の言説は、ソ連の崩壊を目の当たりにした今日「説得力」のある言葉である）。

ところで、このような自由の哲学の因って立つ社会・歴史観とはいかなるものであろうか。それは、サルトルによれば、労働こそ人間の自然に対する関係と他人に対する関係を成立せしめるということである。もちろんこれは、原型的な把握としては私たちも同意できるものであるが、これだけですべて良しとするわけにはいかない。なぜならさらに進めて、人間を具体的、現実的に規定する要因を認識しなければならないからである。人間を具体的、現実的に規定するものは何か。それは史的唯物論の説く、人間は彼らの意志から独立して、生産力の一定の発展段階に照応した生産関係——所有関係を形成するということである。この所有関係の形成、変化によって労働（者）の疎外が生じたのであり、労働を媒介とした人間の自然と他人に対する関係の変化それ自体から生じたのではない。

そこでこの相違を明確にするためには、サルトルが反映論と自然弁証法を否定した見地と対比して考察しなければならない。史的唯物論は歴史は人間がつくることを前提としつつも、今述べたように、彼らの意志から独立して生産関係――所有関係を形成することを踏まえる。これが歴史も自然史過程として解剖するマルクスの唯物論的見地である。この自然史的過程の貫徹こそ歴史における弁証法を豊かにする方法である。しかるにサルトルは、反映論の否定と共に弁証法は自然には存在せず、それは歴史に限ると言っている。この意志（意志の中には意識も含まれている）から独立した存在を認める唯物論の否定は、人間がつくる歴史を自然史的過程の解剖とする史的唯物論の看過であり、それゆえサルトルの労働を媒介とする人間の自然や他人への関係の観点は、人間への原型的関係においては唯物論を認めるが、肝心の現実的に歴史的人間を規定する次元ではそれを認めないというものである。したがって、スターリニズムを克服する自由の哲学の問題提起も、観念論的な主体の弁証法に陥らざるを得ないものである(8)。

はじめにでも触れたが、サルトルは『方法の問題』において、スターリニズム的硬化したマルクス主義を克服する方法として、精神分析学とアメリカ社会学の調査方法を批判、摂取すべきであるとした。またここでサルトルは、「投企」というカテゴリーを史的唯物論の説く弁証法の人間的意味の根幹をなすモメントと見做した(9)。そして、この「投企」の持つ性格について三つの考察(10)を行った後、さらにサルトルは人間の行動の意味を把握するためには、ディルタイ流の「了解」のカテゴリーを活用する必要があることを提唱している。「了解」とはディルタイが説いた認識方法で、表現、記号を通してその包蔵する内的精神、その構造連関を追体験的に認識する方法である。すなわちサルトルによれば、「了解」とは表現、記号を通じて内的生命を追体験的に認識し、それを記述分析する方法である。そしてこの「了解」は、概念的知に反する直接体験（実存）であって、しかも間接的認識（概念的、科学的認識）の基礎でもあるのである。これはまさに、ディルタイ流の生の哲学に概念的、科学的認識を対立させるばかりでなく、それにとって替らせる反科学的見地の提唱でもある(11)。

この『方法の問題』における了解的分析記述の具体的展開が『弁証法的理性批判』である。

三　『存在と無』における中心的カテゴリーとその後のサルトル哲学へのアンチテーゼ（その二）

従来の唯物論者のサルトル哲学に対する評価は、私がこれまで展開してきた考察にほぼ尽きると言える(12)。また、日本にサルトル哲学を紹介し、彼の哲学的立場から種々の問題を論じてきた人々は、サルトルを批判的に考察し、新しい観点を打ち出しているわけでもない(13)。私のサルトル哲学批判へのアンチテーゼはたんなる批判に止まるものではない。アンチテーゼは積極的改作を伴うものでなければならない。したがって、私のこれからの叙述は、後者の立場をとる人々は論外として、前者の立場をとる人々とは異なる道をゆくものである。

　では、サルトル哲学へのたんなる批判ではない私の積極的改作を提起しよう。『存在と無』における「即自」、「対自」・「無」・「脱自」のカテゴリーは、それはとりもなおさず、他者のまなざしにおける「乗り越え」でもあった。これらの諸カテゴリーについては、すでにその項目の箇所で反映論を欠いている論理展開であることを指摘したが、私はここでそれを踏まえれば、これらのカテゴリーは自由や創造の論理構造をキャッチする上で有意義であると考えるものである。

　さて、このことを具体例で提示しよう。

　まず第一に、夏目金之助（漱石）は父が五十歳、母が四一歳のとき、出生を望まれなかった末っ子として誕生したため(14)、すぐに里子に出された（大政奉還の激動する年である）。だがまた、一歳九カ月で今度は養子に出された。八歳のころ金之助は養母と別れ、養父とその愛人と彼女の連れ子と暮らすこととなった。そして、九歳にしてようやく生家に戻った。しかし、籍は戻ったわけではなく、実父母も彼を暖かく迎えたわけではない。彼は両親を「おじいちゃん、おばあちゃん」と呼び、彼らを実父母と知ったのはしばらくしてからである。したがって金之助は、肉親、特に母親の愛情を感じることなく育ったのである。このような生い立ちは、母親および母親に代表される人間全体と世界全体に対して、根深い不信と猜疑を抱くことになるであろうことは十分に考えられる。

　ニュートンも父は彼の生まれる三カ月前に死亡し、母は彼が三歳のとき牧師と再婚したので母方の祖母とたった二人きりで暮らすこととなった。二十歳のころ彼は自分の過去をふり返り、父（養父）と母を殺し、その家を焼いてしまおうと脅かそうとしたこと、とその罪を告白している。

金之助も幼きニュートンも肉親（特に母親）への甘えは許されず、そういう点ではまったくの孤独だったのである。では、この危機を彼らはなぜ乗り越えることができたのであろうか。それはそれ以外の世界（自然）との一体化、自己同一化をつくることができたからである(15)。この「即自」から「脱自」への転換はその後の彼らの創造や自由の形成にとってその意味ははかり知れない。

第二に、高井綾子という高齢なＡＬＳ患者がいる（ＡＬＳとは、運動神経が徐々に侵されていく神経病で、呼吸のための筋力すら失われていく病である）。しかし彼女は、次女直子と多数のボランティアの介護によって散歩、ショッピングはおろか、海外旅行にすら出かけている。そして驚くべきことに、彼女は発明家なのだ。今彼女は（寝たきりで人工呼吸器をつけたまま）介助者と何でコミュニケーションしているのかというと、五十音順に平仮名を並べた透明な板を使用して、彼女が文字板の仮名を目で追い、介助者はその目線を読み取るのである。彼女は学生アルバイトの下手な介助者にはすぐに「バカ」と言い、また次女によれば彼女は今まで一度もグチを言ったこともなく、「死にたい」と言ったこともないという。この彼女の懸命に生きる姿を感じてか、「バカ」呼ばわりされた学生も少しも落ち込むことなどなく、仕事を続けているという。そして、入れ替わり立ち替わりやって来る学生アルバイトたちの中には、何時間も介助している間にずいぶんとおしゃべりするようになり、彼女の目を見ていると、不思議に自分のことを皆どんどんしゃべってしまうという。つまり、彼らが癒されているのだ。

これは、彼女（被介助者）という他人の強い意思を持った「鋭い」まなざしを感じ取ることによって、自分（介助者）が自分の状況を乗り越えているのである。

第三に、よく役者の世界では、自分がある役を演ずるにただひたすらそれに没頭するだけでなく、観客の目から見て自分がどう演じているのかの意識も持たなければならない、ということが言われている。世阿弥は「目で前を見ながら、心を自分の背後に置け」とか、「他人のまなざしをわがものとし、観客の目に映った自分を同じ目で眺め(16)」（離見の見）、肉眼の及ばない身体の隅々まで見とどけて、五体均衡のとれた優美な舞姿を保たなければならないことを説いている。これは直接的には能の形象美の創造の問題であるが、しかし、自己のあり方を自己を超えたところ（他人のまなざし）から洞察するという実存の確立の視点でもある。

四　サルトルの哲学と文学論へのアンチテーゼ

サルトルは哲学者であるとともに文学者でもある。彼においては哲学と文学との間に相互作用がある。それゆえ彼の哲学には文学創造論の哲学的根拠づけの側面があると言える(17)。そこで、サルトル哲学を論ずるためには彼の文学創造論にどうしても言及しないわけにはいかない。

先に、サルトルが提唱する「了解」のカテゴリーが、概念知に反する直接体験（実存）であって、しかもそれが間接的認識（概念的、科学的認識）の基盤でもあることを説いていると述べ、これは「了解」を間接的認識（知的理解）に対立させるばかりでなく、それにとって替わらせるものであることを指摘した。

サルトルのこの見解を文学創造論に還元すれば、彼の文学創造論は「了解」のカテゴリーにのみ固執し、「知的理解」のカテゴリーと融合させることができず、それを排除してしまうことを意味する。ところで、文学創造論にとって「了解」の方法は必要不可欠であり、「知的理解」と融合させさえすれば何ら問題はない。この前提に立って、私はサルトルの「了解」を積極的に受け止めようとするものである。「了解」とはディルタイ流の表現、記号を通じて内的生命を追体験的に記述する認識方法で、いわば精神分析的方法である。なぜこのカテゴリーを積極的に改作しようとするのかと言えば、文学創造論の解明はもちろん一般的に創造行為においてはこの方法が重要な役割を果たすからである。

今、サルトルの文学創造論が「了解」にのみ固執したことを指摘したが、文学創造においては「知的理解」との相互浸透の法則(18)が語られなければならない。そのことを、フィクションとノン・フィクションとの関係で比喩的に展開してみよう。前者は事実にたよらず、想像で表現されたつくりごと（虚構）である。これに反して後者は虚構を用いず、事実を基にして書いた散文である。だが、前者は事実にまったく依拠しないかというとそうではなく、後者とて虚構をまったく排除することはできない。このことが、フィクションとノン・フィクションは相互に浸透し合っているということである。したがって、サルトルの文学創造論がこの相互浸透の法則を踏まえて論じられれば何ら問題はない。

かつてソ連の文学芸術論は、ベリンスキー流の認識や思考に、内容と形式のカテゴリーで言えば、内容に美や芸術を従属させた対象内容説であった。またそれを無批判的に受け入れた蔵原惟人も、芸術の内容はもちろんであるが、形式も経済的土台がその基礎を形成し、それとのイデオロギー的、弁証法的関係が芸術における形式を決定するのであるから、それを研究する経済・社会科学的認識が芸術創造の決定的要因となる、とするものであった。

この対象内容説は、内容を実体として把握し、物のあり方としての形式と内容との論理構造をそのまま像のあり方（表現）に持ち込むのであるから、内容が形式の成立以前にすでに存在することになる。形式に優先してまず内容が成立することになるのである。

内容を物のあり方の論理構造ではなく、像のあり方として正しく捉えれば、表現形式を創造することは同時にそこに作者の認識との関係も創造されるわけで、形式の成立は同時に内容も成立することになるのである。

サルトルの文学論は以上の対象内容説の対極に位置する。なぜなら、彼は「了解」（「像のあり方」）のカテゴリーにのみ固執し、それと「知的理解」（物のあり方の論理）のカテゴリーと融合させることができず、それを排除してしまうからである。

サルトルにしても対象内容説にしても、それぞれ文学芸術論における一面性を免れないが、しかし対象内容説が物のあり方の論理を強制する硬直さを救済するためには、サルトルにおける「了解」のカテゴリー（精神分析的視点）の契機を正当に位置づけなければならないと思うものである。

文学芸術論における対象内容説は文芸批評の上にももたらされた。そこで、この文芸批評を救済するためにサルトルの「了解」の問題を解明してみよう（正当に位置づける意味でも）。

芥川龍之介の文学はかつて「敗北の文学」として評価された。だが、彼の文学の評価はそういう視点だけで捉えていいものであろうか。

龍之介の実母は彼の生後七カ月ごろに発病した（統合失調症）。そういう事情のため、彼には四人の母（母親やその代理者）がいたと言われているが、この養育状況は子供の性格形成上、安心感と自信を育てることが困難だったことは容易に想像できる。加えて、精神病はもっぱら遺伝によると考えられていた時代である。そのため芥川は、いつ母親と同じ病気になるのかという恐怖心に捉えられていた。そして事実、三五歳で服薬自殺をとげた数年前からはっきりと統合失調症的症状に悩まされていたのである（ちなみに、実母の病発生は三二歳であった）。

ところが、この時期に名作が生み出されているのである。――『玄鶴山房』、『点鬼簿』、『蜃気楼』、『歯車』、『或阿呆の一生』、『河童』など（もちろん、大正一五年～昭和二年のこの時期には、他の作品において身辺雑記風のエッセイに流れているものもあるが……）。

井上晴雄は、芥川における病と創造の関係を分析、分類して、病的な症状が出ていない時期よりも現れた時期の方に名作が書かれていることを指摘している(19)。

このことは何を意味しているのであろうか。正常と異常とは相反するカテゴリーである。私たちが平凡で凡庸な日常生活に埋没してそこに満足していたとしたら、創造行為など起こらないであろう。しかしたとえば、道元の「活鱍々地《かつぱつぱっち》。莫妄想《まくもうぞう》」のように、網に掛かった魚のピチピチはねている様を見て、常なる世に無常を感じたとき、すなわちこれまで自分が囚われていた世界が妄想であることを感じたとき、その驚きの感情は異常と接している。たぶんこの感情は、人類にも神話があったように個人にも神話があるという原初的なものとも結びついているであろう。そのようなとき、正常なもの（現実的世界）へとフィードバックでき異常なものの契機を生かせればいいのだが、異常の世界に埋没してしまったとしたら、精神を蝕《むしば》むことになるだろう。

芥川龍之介の場合は、「遺伝的な」問題からも、自己の心理的恐怖からも異常の世界と絶えず接していた。そこで一瞬でも怯んだら、精神の蝕みが彼を襲うであろう。彼は怯まず異常なものを創造の世界に転化させた。彼は創造の世界に生きることによって「正常」だったのである。

川端康成の文学は、マルクス主義の文芸批評からすれば、一般的に言ってあまり評価されないであろう。だが、川端文学は「多くの」読者の共感を呼んでいる。その魅力はどこにあるのであろうか。『眠れる美女』は、強い睡眠薬で正体もなくまったくの裸で夜どうし眠らされている少女を老人が訪れては（少女は彼が訪れる度に別人である）、共に一夜を過ごすのである。この小説には次のような一文がある。「娘はこちらを向いてくれていた。……老人は夜半の悪夢なども忘れて、娘が可愛くてしかたがないようになると、自分がこの娘から可愛がられているような幼ささえ心に流れた。娘の胸をさぐって、その掌のなかにいれた。それは江口をみごもる前の江口の母の乳房であるかのような、ふしぎな感触がひらめいた。老人は手をひっこめたが、その感触は腕から肩までつらぬいた(20)」（傍点—筆者）つまり、江口老人と眠れる美女との関係は、男と女の性的関係ではなく、母なるものへの幼子の関係なのである。

『みずうみ』という作品は、有田老人が自宅と妾宅とに二人の若い女性を持っているが、それは主として夜手枕をして添い寝してもらうためである。「この若い二人に手枕されて、首を抱いてもらって、乳をふくむと、お母さんという気持ちになる(21)」

母の機能は胸と乳房の他に、腕がある。手枕や抱擁ばかりでなく、幼子にとって愛撫してくれる母親の手と腕は安らぎをあたえてくれるのである。若い女性から右腕を貸しあたえられるという不思議な短編『片腕』は、この作家の母性に対する憧れのフェティシュな一面を象徴していると言える。

『眠れる美女』、『みずうみ』、『片腕』の作品はすべて、男女の性愛ではなく、母子の姿を描いたものであった。では、妻子ある中年男性島村と雪国の芸者駒子の恋愛を描いた名作『雪国』には、男女の性愛の姿を見ることができるであろうか。

島村は初めて駒子に会ったとき、「女の印象は不思議なくらい清潔であった。足指の裏の窪みまできれいであろうと思われた(22)」という清潔なイメージを持った。このイメージは、彼女が酌婦に出た経験があったことや旦那があったことを知っても、やがて芸者に出るようになってもくずれることはない(この汚れてもなおそこに清潔さを感ずる描写は、名作『伊豆の踊子』にも見られた表現である)。島村の駒子への「愛」(友情のようなものと表現されている)は、このイメージを保つことにある。それゆえ、彼女との性的関係を避けようとし(それをしたら、二人の関係は長続きしないということで)、彼女に遊ぶための若い女を世話してくれと頼んだりしている(その女とは結局遊ばずに帰したが)。ここには初めから、彼女への甘えと依存がある。

しかし、島村の駒子へのこのいわば幼児的な甘えの願望を踏み越えて、生身の女である彼女は男女の関係を迫ってくる。ついに二人は肉体的に結ばれたりするのだが、この二人の関係は、世の常の男女関係とは異なって、島村が季節の移り変わりとともに雪国を訪れる「能動性」を除けば、そこでは彼はまったくの受身であり、駒子が島村の部屋に思い詰めて通って男女の関係を迫るのに対し、島村はその愛に溺れることもなく、ひたすら距離をおいて見つめることに終止しているのである。

この小説では、この他にきわめて断片的ではあるが、作品内容の理解にとって重要な次のような場面がある。駒子が島村の掌に指で「好きな人の名前を書いて見せると言って、芝居や映画の役者の名前を二三十も並べてから、今度は島村とばかり無数に書き続け」て、「島村の掌のありがたいふくらみ」が

「だんだん熱くなってきた」とき、「『ああ、安心した。安心したよ』と、彼はなごやかに言って、母のようなものさえ感じた」というところ(23)がある（また、この「母のようなもの」は、駒子の知人、葉子が車中で病人を看病しているときや、宿の子を世話しているときにも感じている）。

つまりこの母を感ずることは、島村の駒子への「愛」は、幾度も繰り返すように、男女の性愛ではなく、女性に母を見、それに甘え、依存している姿なのである。

欧米の社会は父系的な考え方が強固であり（ギリシア神話の最高神は男性——ゼウス、キリスト教では父なる神）、それに対し日本は母系的なものが支配的である（記紀の最高神は女性——天照大御神）。また恋愛小説も、前者では『若きヴェルテルの悩み』に代表されるように姦通文学が主流であり、それに肉体的な、性器的な愛が尊重されている。後者ではそのような濃厚な表現は感覚的に異質なものとする傾向がある。さらにまた、土居健郎が分析したように、甘えの構造がある。

さすれば、母なるものへの甘えと口唇的な愛を求めても何ら不思議ではない。川端文学が人々の共感を呼ぶのは、その叙情的な描写と相まって日本人の精神風土にマッチしているからにほかならない。

川端康成がなぜ母なるものへの甘えと口唇的愛を追求したのかと言えば、二歳までに両親をともに失い、一人いた姉も一二歳のときに死亡し、祖父母も一四歳までに他界し、天涯孤独となった彼の生い立ちからくる人格形成上の感情的欠落を、それなしには埋めることができなかったからである(24)。

おわりに

これまでサルトルが提起した問題の改作にちなんで、芥川龍之介や川端康成という文学者の創作における精神分析的側面（「了解」）の解明を試みてきたが、この方法は文学、芸術に限らず、科学的発見や一般に創造性の解明にとっても必要なことである。最近天才の創造性の秘密の病理学的解明である病跡学（パトグラフィ）が発達してきている。このことの解明、位置づけをも含めて科学的発見や創造性の問題は今後検討したいと思うし、合わせてそれらの側面と社会的、知的理解との相互浸透、有機的連関の問題を追究したいと考えている(25)。

注

（1）『世界の名著』中央公論社、第五一巻、『デカルト的省察』、二一四ページ。
（2）『サルトル全集』人文書院、第一八巻、『存在と無』第一分冊、二五ページ。
（3）前掲書、二一九〜二二〇ページ。
（4）『サルトル全集』人文書院、第一三巻、『実存主義とは何か』、一五ページ。
（5）『サルトル全集』人文書院、第一九巻、『存在と無』第二分冊、一三七ページ。
（6）『世界の大思想』河出書房、第二八巻、『有と無』、二七ページ。

(7)『サルトル全集』人文書院、第一九巻、『存在と無』第二分冊、七七ページ。

(8) ところで、反映論と（エンゲルスの）自然弁証法を否定し、現実的に歴史的な人間を規定するものには唯物論を認めないサルトルにあって、この自由の哲学の立場は世界の存在と主体性の存在が「同一」であることを要求する平行二元論の立場なのであるが、これが一八四四年の『経済学・哲学手稿』におけるマルクスの立場だと言うのである（エンゲルスとの不幸な出会い以前の）。

だが、『手稿』でマルクスが提起した新しい人間観は、これとはまったく逆の一元論的な、フォイエルバッハの人間主体物質説（人間の生、本質の総体が真理）を乗り越えた対象的人間の創出だったのである。

(9) サルトルが「投企」（乗り越え）というカテゴリーを歴史的具体的状況の場において論じたことに対する私の批判的考察は、先の『唯物論と革命』のところで述べた。

(10)「投企」の与件として、第一は幼児期に形成される性格、第二はある一定の時代の文化や言語、つまり道具の問題、第三にそれゆえ人間はその投企によって定義される。すなわち、あたえられた構成的要素を超えて、自己以外の他者と無媒介的に結ぶ関係、自己自身の不断の創出である。

(11) ここにおける「了解」のカテゴリーは、『方法の問題』を待つまでもなく、すでに『存在と無』において提起されている。すなわち「その出発点は経験である。また、その支柱は、人間が人間的人格について持っている存在論以前的、根本的な了解である」（傍点―サルトル、第三分冊、三〇五ページ。）

　では、サルトルの提起する実存的精神分析はフロイトとどこが異なるのか。サルトルは『文学とは何か』の中で、芸術家の創造の炎は無意識の草むらの中から生まれる、と言っている。つまり、「了解」の根底はフロイト的なのである。だがフロイトは、本能的欲求の不満や抑圧や防衛の経験的状況に止まったのに対し、サルトルは状況の乗り越え、「人間が人間的人格について持っている存在論以前的、根本的な了解」、すなわち投企のカテゴリーを打ち出しているのである。

(12) たとえば、村上嘉隆『全体性と個性的個人』(啓隆閣)におけるサルトル評価。

(13) 特に竹内芳郎。彼は『自我の超越情動論粗描』(人文書院)において、情動に関する現象学的心理学の構築を試みるとき、心理学者や精神分析学者の反省的、事実的研究に対立させて、サルトルにならってことさら実存的な意味するものの視点を強調している。

(14) なぜ望まれなかったかというと、夏目家はそれまでに先妻の娘が二人、母の息子が三人の計五人おり(母の息子一人と娘一人は夭折したので)、しかも母はこんな年齢で懐妊するのは面目ないと言っていたし、また幕藩体制崩壊直前の江戸には荒廃と不安の色が濃く、町方名主の父とて心のゆとりなどなかったであろう。

(15) 漱石は帝国大学在学中に、老子の玄(自然、すなわち世界の根源的存在)の思想に言及している(青年になって突如老子の思想に引きつけられた背景には、幼きころからの無意識的欲求が考えられる)。またニュートンは、日時計(家の中に射し込む太陽の光の角度が微妙に変化するのに興味を惹かれて刻みつけたもの)遊びと、水車などの模型を組み立てる手先を使う遊びに没頭した。

(16) これは北川忠彦の現代語訳である。原文は『花鏡』、世阿弥・禅竹『芸の思想・道の思想I』、岩波書店、八八ページ。

(17) サルトルは一九六六年秋に来日した折のサルトル研究家たちとの対談会で、「『存在と無』が示しているのは、明らかに、すでに『嘔吐』の中に、しかも文学形式の下に、漠然と述べられていた一種の思想です。それが哲学的表現へと移行したのです」と語っている。
『嘔吐』が刊行されたのは一九三八年五月であり、『存在と無』が執筆され始めたのは、第二次世界大戦

（一九三九年）勃発時の従軍中と言われる（しばしば休暇を取ったとき）。

(18) スターリンは弁証法の諸法則からこの相互浸透の法則を排除した。

(19) Ⅰ期（大正三年〜七年）、神経衰弱・不眠・名作。Ⅱ期（大正八年〜九年）、健康、不作。Ⅲ期（大正一〇〜一一年）、神経衰弱・不眠・不調、名作。Ⅳ期（大正一二〜一四年）、小康状態、不作。Ⅴ期（大正一五〜昭和二年）、統合失調症的体験、名作。

(20) 『日本の文学　川端康成』中央公論社、三八巻、一八九ページ。

(21) 川端康正『みずうみ』、新潮文庫、四八ページ。

(22) 『日本の文学　川端康成』、中央公論社、三八巻、一四ページ。

(23) 前掲書、二一ページ。

(24) 以上の芥川龍之介と川端康成の文学の精神分析的解明は、福島章『天才の精神分析』、および『続天才の精神分析』（共に新曜社）のエッセンスである。

(25) この問題は第二部、第四章「現代唯物論試論」で若干解明されている。

第二章　フロイトおよび精神分析とマルクス主義

一　これまでの（ソ連型）マルクス主義のフロイトおよび精神分析理論の評価（はじめにを兼ねて）

まず、ソビエト科学アカデミー版『世界哲学史』（東京図書）において、フロイトおよび精神分析は次のように評価されている。

「偉い学者で心理学者のフロイトは、若干の心理現象の説明を求めて、客観的な科学的研究の道を捨て、思弁的な観念論的心理学の道に立った。このことの結果が、彼の悪名高い『精神分析の理論』

であって、これは自然科学と、また一般に科学的研究と、何ら共通性をも持たない、勝手気ままな思弁的構成である」（五九一ページ）

「フロイトによれば、心理的行為は人間の意識に内在的に属している『愛着の領域』から生まれ、このようにして外界からまったく切り離されている。すなわち、決してその反映ではない。フロイトは、人間の意識の客観的＝物質的基礎を投げ捨てたことによって、これを生物学化した」（五九三ページ）

「フロイト主義は、個人的ならびに社会的現象を理解する人間の能力に対する不信、宿命的破滅の精神によって貫かれた深く反動的な、反唯物論かつ形而上学的な学説である」（五九四ページ）

つまり、精神分析理論（フロイト）は科学的研究とは無縁な勝手気ままな思弁的構成、外界の反映と人間の意識の客観的＝物質的基礎を投げ捨てた生物学主義、人間の能力に対する不信、宿命的破滅の精神によって貫かれた深く反動的な、反唯物論かつ形而上学的学説、と捉えられている。

第二に、マルクス主義精神分析家アルフレート・ロレンツァーは、『精神分析の認識論』（誠信書房）において、精神分析家らしくたとえば、通常の科学は万人に共通する法則性、真理を追及する。それに反して精神分析はあくまでも個々人の特殊なケースの追究をプロパーとする。それゆえそれは科学ではないとする見解に対して、特殊なケースを追究するにしてもそれは科学であると主張している。また、分析者と被分析者の緊密なコミュニケーションにおける（言語ゲームも含めた）ドラマ性の解明や、フロイトの言うエスや自我のカテゴリーも人間の社会的存在を前提とした、母子関係の内部で産出され、この生理的基盤の上に生じる、などの見解を表明している。だが他方ロレンツァーには、史的唯物論の定式を精神分析の考察に性急に機械的に適用しようとしている見解もある。すなわち、「精神分析はもっぱら構造分析であり、主体の構造の『背後』に客観的諸条件を捕えることはできない。因果発生を展開するためには、主体の構造分析は客観の分析に媒介されなければならないが、このことは疑いもなく精神分析の理論的ならびに現在の実践的枠組みを越え、史的唯物論的社会理論の内部においてのみ可能になる」（二八九ページ、傍点―ロレンツァー）

ロレンツァーはこの史的唯物論の精神分析への「適用」の視点をさらに押し進める。精神障害は究極的には客観的諸条件、すなわち生産力と生産関係の矛盾が引き起こしたものであるとか、精神分析家は個人的精神分析の視点、すなわち、「個人が他人と連帯して損傷的諸関係を闘争的に破棄する主体を形成することを不可能にする」（三一七ページ）視点を脱却して、史的唯物論の立場、つまり変革の立場に立ち、その社会変革の政治組織の問題にまで進まなければならないことを述べている。

『世界哲学史』が述べているように、フロイトならびに精神分析は、科学的研究とは無縁な思弁的構成であろうか、外界の反映と人間の客観的＝物質的基礎を投げ捨てた生物学主義であろうか、人間の能力に対する不信、宿命的破滅の精神によって貫かれた深く反動的な、反唯物論かつ形而上学的学説にすぎないのであろうか。

また、ロレンツァーが言うように、精神分析における因果発生を展開するためには、史的唯物論的社会理論に依拠しなければならないのであろうか。精神障害は生産力と生産関係の矛盾、すなわち階級社会が引き起こしたものであろうか。

私は、フロイトならびに精神分析は、思弁的構成が皆無とは言わないまでも、科学的研究と無縁だとは思っていない。人間の社会的存在を研究する理論ではないことから、生物学主義の謗りをまぬがれない側面もあるが、人間の生物的、身体的（無意識的）側面と意識とのかかわりを科学的に解明する端緒を開いたと思っている。それゆえ、人間の能力に対する不信、宿命的破滅の精神によって貫かれた理論だとも思っていない。またロレンツァーの見解に関しては、精神分析を展開するためには、史的唯物論的社会理論は無用とまではいわないとしても、彼のように必要であるとは思っていない。なぜなら精神分析は何よりも社会的存在から相対的に独立した個人の内在的な心理を考察することであるから（ましてや、精神障害は階級社会の産物であるとの見地は、単純な、それこそ史的唯物論を性急に機械的に適用した、俗流唯物論の見地である）。

私は、これまでのマルクス主義のフロイトおよび精神分析に抱いた見方が、人間の社会的存在や反映論を強調するあまり、フロイトが人間の生物的、身体的（無意識的）側面と意識とのかかわりを科学的に解明する端緒を開いたことを正当に評価できなかったのだと思っている。

そこで、私のこれからの論述は、最近の脳科学の知見からみて、フロイトの無意識に関するいくつかの命題がいかに先見的であったかを証明することにより、マルクス主義における「身体論」を構築する一里塚にしようと思っている。

二　記憶の固定化にかかわる（情動・感情を司る）扁桃体

エピソード記憶の大半は、情熱も特別な感情も持っていない、「誰が、いつ、どこで、何をした」という情報だ。だから私たちは、特定の事実から学んだときの状況を正確に覚えていず、時の経過とともにその記憶は不確かなものになっていく。そして、そのような記憶を想い出すとき、後の知識によって「粉飾」されるケースが往々にしてある。それに対して、「フラッシュバルブ・メモリー」と名づけられた記憶は、とても嬉しかったり、悲しかったりしたときの記憶で、それを体験した人はその瞬間どこで何をしていたかを鮮明に記憶するという(1)（だが、あまりに強いショックを受けた場合などは、記憶喪失に陥ることもある）。これは、感情を司る扁桃体を活性化させたことによる。フラッシュバルブ記憶を過大評価することは許されないが、少なくともエピソード記憶にくらべて長期間持続することがわかっている。

フロイトは断片的に存在する記憶が感情と結びついたとき記憶として認識される、ということを述べているが、彼は感情と記憶の結びつきが本質的なことに「気づいていた」わけだ。ジェームズ・L・マッガウは『記憶と情動の脳科学』（講談社ブルーバックス）において、ラットの実験研究に基づき、このことを証明している。

一九六〇年代はじめにグレアム・ゴッダードはラットで扁桃体を電気刺激すると、嫌悪刺激を用いた訓練で学習した内容を忘れてしまうこと（逆行性健忘）を発見した。その後の多くの研究でも同様の知見が得られ、さらに訓練後に扁桃体を弱く刺激すると、逆に記憶を増強することもわかった。これらの研究で、扁桃体が記憶の固定化に関する鍵を握る脳部位であることが確立された。これらのことから、薬物を扁桃体へ注入すると、記憶の固定化に影響するかもしれないと考えられるようになった。

アドレナリン受容体をブロックする薬物（たとえばプロプラノロール）を扁桃体へ注入すると、すでに記憶増強効果が認められていたピクロトキシンやナロキソンの働きを妨げた。このことから、これらの薬物は少なくとも部分的には扁桃体での作用を通して記憶に影響すること、さらに記憶に対する作用には扁桃体内のアドレナリン受容体が深くかかわっていることがわかった。

記憶の固定化に関する薬物の影響は、ノルアドレナリン放出への作用と、アドレナリン受容体の活性化に関する作用の和によって、扁桃体内で統合されているようである。

記憶の固定化を増強する薬物であるナロキソンやピクロトキシンを全身投与すると、扁桃体内のノルアドレナリン量は上昇した。記憶の固定化を阻害するムシモールなどの薬物は、ノルアドレナリンの放出を減少させた。

さらに、興味深いことに、受動的回避学習（行動をしないことによって嫌悪刺激を回避することを習得する学習課題）の訓練自体が扁桃体でのノルアドレナリンの放出を増やしたことである。また、個体の受動的回避学習の持続時間（電気ショックを避けるためにとどまる時間）は、訓練後に測定した扁桃体でのノルアドレナリン量と正比例していた。これらのことから、扁桃体で放出されるノルアドレナリンは、記憶を固定化する上で重要な因子だといえる。

扁桃体は記憶の固定化に関わる他の脳部位に影響をあたえているため、扁桃体に薬物を投与すると他の部位への影響が変わり、記憶にも影響が出ると考えられる。他の脳部位で記憶を固定化するときには、扁桃体による調節が不可欠なのかもしれない。

たとえば、扁桃体から尾状核に情報を送る神経経路である分界条を損傷させると、訓練後に尾状核へ記憶増強作用のある薬物を注入しても効果が見られない。別の研究では、扁桃体を損傷したり薬物で一時的に不活性化させたりすると、海馬や、海馬と直接連絡している嗅内皮質（大脳皮質の一部分）へ記憶増強作用のある薬物を注入しても、効果が見られないことがわかった。

以上のように、扁桃体の働きは記憶を固定化させるための各脳部位の調節(2)であって、記憶の長期固定化および保持それ自体ではなく、それは嗅内皮質や頭頂葉のような大脳皮質が担っている。つまり、扁桃体の記憶への影響は一過的なものなのである。だが、この一過性が重要なのである。

ところで、記憶の固定化にはアドレナリンとノルアドレナリンがかかわっていることはすでに述べたが、これらは具体的にどのようなかかわり方をしているのであろうか。それは、副腎から放出されるアドレナリンが記憶の固定化を増強するには、扁桃体でノルアドレナリンが放出されることが必須条件なのではないかという問題である。

アドレナリンを注射しただけの場合は記憶が増強されたが、アドレナリンを全身投与する直前にプロプラノロールを扁桃体に注入しておくと、記憶増強作用が抑えられたのである。これは、全身投与されたアドレナリンが脳幹の孤束核につながる迷走神経を刺激し、活性化された孤束核が扁桃体へノルアドレナリンを放出し、扁桃体に投与されたプロプラノロールはこのノルアドレナリンの働きを抑えたためである(3)。

また、訓練直後に扁桃体にノルアドレナリンを注入すると、それだけで記憶の固定化が増強されることがリアン（台湾国立大学教授）によって発見された。

扁桃体は複数の部分に分かれているので、さらにどの部分でこの効果が生じるのかが調べられ、最終的には外側基底核だけにノルアドレナリンを注入しても効果が現れることがわかった。

リアンはもう一つ、やはりラットを用いた実験で、同じくらい重要な発見をした。扁桃体と他の脳部位をつなぐ主要経路である分界条を損傷すると、訓練後にノルアドレナリンを扁桃体に注入しても記憶の固定化が増強されなかったのである。

これらの結果から考えられるのは、扁桃体におけるノルアドレナリンの記憶増強効果は、単に扁桃体への直接の影響によるものではなく、記憶の固定化に関与している他の脳部位に影響することによって生じているということである。

それから、訓練後に扁桃体に注入したアンフェタミンは（この薬物は記憶増強をもたらす――ヒトにおいても）、尾状核がかかわることが知られている反応学習（課題に対して何をするかの手がかりをつかむ学習）の記憶に影響をおよぼす。分界条は扁桃体と尾状核をつなぐ経路なので、分界条を損傷すると、記憶の固定化における扁桃体と尾状核の相互作用をブロックするはずである。実験結果がこれを支持している。通常は訓練後、尾状核に薬物（コリン性薬物オキソトレモリン）を注入することで記憶増強が起こるが、分界条を損傷すると起こらなくなる。

以上のことから、扁桃体で放出されるノルアドレナリンが、記憶の固定化の重要な調節因子であることは明白である。そしてこの調節により、記憶の固定化にかかわる他の脳部位が影響を受けていることも間違いない、と結論づけられる。

三　恐怖条件づけにかかわる扁桃体とその記憶

（一）　視床扁桃体路投射

恐怖は万人の生活の一部になっているが、過度の恐怖や不適切な恐怖は多くの精神病の問題となっている。不安は起こるかもしれないことへの恐怖であり、フロイトの精神分析論の中核をなしている。恐怖症は特定のもの（ヘビ、クモ、高所、水、広場、社会的状況）への極端な恐怖である。強迫性傷害にはバイ菌のような得体の知れないものに対する極端な恐怖があり、パニック傷害は多数の身体症状が急に現れ、しばしば死が近いという抗しがたい恐怖である。外傷後ストレス障害（ＰＴＳＤ）は以前は砲弾衝撃（戦闘神経症）と呼ばれていたもので、復員軍人にしばしば見られたものである。雷鳴や車のバックファイアー（逆火）の音は共通に見られる例である。しかし、ＰＴＳＤは身体的、性的虐待を含めて、他の多くの外傷的状況にも拡張される。恐怖は精神病理学の核心となる情動である。『エモーショナル・ブレイン』（東京大学出版会）の著者ジョゼフ・ルドゥーは、この問題を神経科学のメカニズムから解明している。

扁桃体は十数の亜域から構成されており、その内のすべてではないが、多くの領域が恐怖の条件づけに関連している。ルドゥーが情報を視床から扁桃体へ直接運ぶことのできる経路を発見したことは、条件づけられた恐怖刺激が皮質の力を借りることなく、どのように恐怖反応がつくられるかを示してくれた。視床から扁桃体への直接の入力は、皮質を通らずに迂回されている。

彼の研究は、ブルース・カップが扁桃体の一つの亜域——中心核——について得た一連の所見とよく一致していた。中心核が心拍数や他の自律神経の反応の調節に関係する脳幹の領域と結びついていることに触れながら、カップは、中心核は条件づけられた恐怖刺激によって引き起こされる自律神経反応を示す神経系と結びつきがあるのではないかと提唱した。それで、ウサギの中心核を傷害して、その仮説を立証した。中心核を傷害すると、ショックと組みになっている音に対する心拍数の反応の条件づけが、見事に形成されなくなったのである。

カップはさらに、扁桃体の中心核を刺激すると心拍数や他の自律神経反応が引き起こされることを明らかにして、中心核が脳幹で生じる自律神経反応を調節する上での、重要な前脳における中継点であるという彼の考えを確かなものにした。ところで彼は、中心核の刺激がすくみ反応も引き起こすことを見出して、扁桃体の中心核は、自律神経反応の調節にかかわっているだけでなく、全身性目的指向型の防御反応調節ネットワークの一部にも関係していることを示した。

事実、他のいくつかの研究室からの追加実験によって、中心核が傷害されると、条件づけられた恐怖に対して本質的にすべての尺度が妨げられることが示された。それらはすくみ行動、自律神経反応、痛みの抑制、ストレスホルモンの放出、反射の潜在力などである。また、これらの反応は各々、中心核からの異なる出力によって仲介されているということも明らかになった。

情動学習が新皮質を迂回する経路によってなされているという事実は興味深い。というのは、思考、推理、意識に関連すると思われている脳の高次処理が関わることなく情動反応が起こりうることを示しているからである。

視床から扁桃体への直接投射の経路―視床扁桃体路が何百万年もの間、視床から皮質への直接投射―

視床皮質路と並存し続けたということは、現在の哺乳類では視床皮質投射は一段と精緻になり、情報処理上重要な経路となっているにもかかわらず、何らかの役に立つ機能があったことを示唆している。その機能とはいったい何だったのであろうか。

この視床系では、刺激の細かい弁別をすることはできないが、皮質から扁桃体への入力系にくらべて重要な利点がある。それは情報処理に要する時間が短いことである。ラットでは、聴覚刺激が視床路を通って扁桃体へ達するのに約一二ミリメートル秒かかるが、皮質路を通るとその二倍はかかる。このように、視床路の方が速い。視床路は何の音であるかを扁桃体に伝えることはできないが、何か危険な音がしているという情報をすばやく伝えることができる。視床路は迅速性に富むが、具体性に欠ける大まかな処理体系である。

たとえば視覚刺激では、このようなことが考えられる。小道に細くて曲がった形のものがあったとしよう。曲がっているという情報、細いという情報は視床から扁桃体に達するが、一方皮質だけが曲がった棒切れととぐろを巻いたヘビを区別することができる。もしそれがヘビだったとすると、扁桃体は先手を打ったことになる。生き残るという観点から見ると、たとえ本当は危険でなかったとしても危険な可能性があれば反応するほうが、反応し損ねるよりはましである。長い目で見ると、棒をヘビと間違えることによる損失は、ヘビを棒と間違えることによる損失よりも少ない。

扁桃体は車輪の中心にあるようなものである。扁桃体は視床の感覚特異的な領域から低位の入力を、感覚特異的な皮質から高位の入力を、それから海馬から一般的な状況に関するより（感覚とは独立した）高位の情報を受ける。これらの結合を通して、扁桃体は複雑な状況とともに個々の刺激の情動の意義をも処理することができる。扁桃体は、情動の意義を評価することに本質的にかかわっている。すなわち扁桃体は、まさに引き金となる刺激がその引き金を弾く場所なのである。

恐怖条件づけにおける扁桃体の損傷の影響については、トリ、ラット、ウサギ、サル、そして条件反応として人間でも研究されてきた。それぞれの動物で、扁桃体を損傷すると、条件づけされた恐怖反応が起こらなくなる。すなわち、扁桃体が損傷されると、もはや条件刺激が条件反応を引き起こすことができなくなるのである。

人間の扁桃体に限局された損傷は非常にむずかしいが、アイオワ大学のダマシオと同僚たちは、そのような患者に出会った。たとえばある研究で、顔面に表われた情動の表現を察知する患者の能力を調べた。患者はほとんどあらゆる種類の表情を正しく認識することはできたが、不安の表情を言い当てることはできなかった。かつとても重要なことだが、彼らは最近、扁桃体が損傷された患者で、恐怖条件づけに対する能力が妨げられているかどうかについて調べた。実際、扁桃体が損傷されていると、恐怖条件づけは妨げられていた。側頭葉傷害患者とは異なり、この症例では、間違いなく扁桃体がかかわっている。これも扁桃体が損傷された動物を用いた研究によってそうであろうと考えられたからである。実験動物において条件づけされた恐怖に関する扁桃体の損傷の影響が知られていなかったら、扁桃体の病理学について人間でのこのような研究を、誰が考えついたであろうか。

危険に対処する防御は、行動レベルではいろいろ異なった方法でなされるが、種が違っても扁桃体の役割が変わらないというのは驚くべきことである。異なる動物でも行動がさまざまでも、進化的にみて似たような機能をしていることは、疑いもなく種を越えた神経系の一致があるからである。この機能上の等価性と神経系の対応関係は、人間の脳を含む多くの脊椎動物の脳に当てはまる。危険を察知して反応する時には、脳にそれほどの変わりはない。見方によれば、情動的には私たちはトカゲと同様である。ラットにおける恐怖反応の研究は、人間の脳においても恐怖のメカニズムがどのように働いているかについて多くのことを教えてくれる、といえる。

先に、扁桃体（中心核）は自律神経を調節している脳幹と結びついていることを述べたが、ルドゥーはこの脳幹の情動に果たす役割については一切言及しなかった。そうして、危険に対処する防御行動に果たす扁桃体の役割が詳述されたわけだが、しかし行動と扁桃体（情動）の内的結合は、これまで暗黙の了解として述べられていたにすぎない。ではここで、ルドゥーの間隙を補うべく行動と情動の内的結合について説明しよう。

脳が情動を生み出すシステムの中核を形成する構造は、意識の背景状態を生み出す構造とまったく同じであるが、このような系統発生的に古い構造は、脳の深部、脳幹の中——上部に位置している。該当する脳構造には視床下部、腹側被蓋野、傍腕核、中脳水道周囲灰白質、縫線核、清斑核複合体、そして古典的な網様体が含まれている。これらの構造はすべて、内臓の状態をモニターし調節することに関係している。その中でも腹側被蓋野のすぐ後ろにある蓋と背側被蓋の領域は、あらゆる感覚運動モダリティ（筋骨格系）からの入力を受けている。したがってここに、情動を生み出す脳部位が活動を生み出すメカニズムの一つに直接アクセスできるようなシステムが形成されているのである。それゆえ、情動は内的指向型の知覚モダリティであるだけでなく、運動放出の一形態でもあるのである。だから、たとえば、快や不快とそれぞれ密接に結びつけられた接近や回避の行動が可能なのである。そこで、このシステムと怒りや恐怖を司る扁桃体との結合の問題であるが、扁桃体における「闘争」反応か「逃走」反応かのバランスはその外側――中心部と内側部の相互作用によって決定され、ここから神経回路が投射し、（内側および前）視床下部を通って、脳幹の背側被蓋に到達し運動プログラムが封切られるのである。

（二）　無意識的、内示的な扁桃体記憶（その一）

意識の上に思い出すことは、私たちが日常の会話の中で「記憶」という言葉を使うときに思いつくような種類の記憶である。すなわち、思い出すということは、過去のある経験を意識することであり、日常の会話の中で「記憶に問題がある」というときは、思い出す能力に困難があるという意味である。科学者は意識上の記憶のことを宣言的記憶、あるいは外示的記憶と呼んでいる。このようにしてつくられた記憶は意識にのぼり、言葉で記述することができる。

しかしたとえば、握手を拒むことで危険が潜む状況から自身を守ることは、また異なる種類の記憶システムによっている。このシステムは、危険や恐ろしい状況に関する内示的記憶あるいは非宣言的記憶をつくる。この型の記憶は恐怖条件づけの機構によって形成される。条件づけ恐怖反応は、二つの重要な意味において、内示的あるいは意識下の過程に関与する。学習が起こるのは、意識が明瞭であるかどうかには依存しない。そして、いったん学習されれば条件づけされた情動反応を引き起こすには、刺激が意識上で認知されることは必ずしも必要ない。恐怖条件づけが行なわれたことに気がつくかもしれないが、恐怖条件づけが行なわれることや、その働きに意識的に関与することはしない。クラパレードの女性患者はこれに似たような状況にある。彼女は、恐怖条件づけによって、二度と画鋲にさされまいとする自己防衛力を自分でも気づかないうちに獲得したのである。しかし、脳障害のために、それを学習したという意識上の記憶がないのである。

脳障害からわかったことは、情動による学習経験をはっきり意識した記憶として持てなくても、無意識の情動記憶システムが働いていることである。私たちは、内示的記憶あるいは恐怖条件づけ記憶のことを「情動による記憶」と呼ぼう。そして外示的な宣言的記憶を「情動体験の記憶」と呼ぶことにしよう。恐怖条件づけがどのように働くかはすでに明らかになったので、外示的あるいは宣言的記憶の神経機構について調べることにしたい。そして意識の上で働く記憶神経回路と、意識下で働く恐怖条件づけシステムとの相互作用も一瞥しよう。

H・Mとして知られている患者は、重篤なてんかんをどうにかしようと両側の側頭葉を除去した。てんかん痙攣は抗てんかん薬で抑えることができるようになったが、思いもよらぬ結果が生じた。彼は外示的、宣言的、意識上の長期記憶を形成する能力を失ったのである。

今日では、記憶は数秒間続く短期貯蔵と、数分から一生続く長期貯蔵とに区分されている。いま意識にある事柄は、短期記憶の中にほんの一時的にあるものであり、短期記憶となった記憶は長期記憶へ進んでいくことができる（数秒前の記憶はもう長期記憶であるため、短期記憶という言葉は最近の認知科学では使われなくなり、直接記憶やワーキングメモリーという言葉に置き換えられるようになってきている）。

H・Mは、長期記憶をつくることができず、彼の身の上に起こった事柄のほとんどすべてを忘れているように見えるが、それでもなお数秒間は情報を保持することができた。彼における側頭葉部分の除去は長期記憶を損傷したが、短期記憶は損傷しなかったことであった。このことから、長期記憶の形成は側頭葉によって行なわれるが、短期記憶には他の脳部位が関与することが示唆された。

H・Mはきわめて重度の前行性健忘（新しい情報を長期記憶化することができない）があるが、逆行性健忘（手術前に起こったことを思い出せない）は軽度である。彼に欠けているのは、人生の初期に蓄えられた情報を引き出す能力の欠如ではなく、新しく学んだことを長期記憶の貯蔵庫の中に蓄えることである。

H・Mが損傷を受けた側頭葉の領野は、海馬と扁桃体の主たる部分と周囲の移行領域を含んでいる。このように、H・Mは側頭葉のいくつかの領域が破壊されているが、記憶障害の主たる責任は、扁桃体の主たる部分と周囲の移行領域ではなく、海馬が破壊されたことにあるという考えが示された。彼以外の患者にも手術が行なわれたが、これらの症例も総合して考えると、記憶障害の程度は、除去された海馬の量に直接的に関係しているように思われた。これらの観察を基に、新しい記憶を定着させるための主導的な部位候補として海馬が登場したのである（今日では、側頭葉を手術するとき、外科医は少なくとも片側の海馬および関連領域には手をつけないようにあらゆる努力を払い、記憶を荒廃させせないようにしている）。

（三）　無意識的、内示的な扁桃体記憶（その二）

側頭葉の記憶システムに加えられた傷害は、意識上に想起する能力を妨げるが、ある技能を学習する能力は正常に保たれている。コーエンとスクワイヤーは、これらの二つの記憶過程を宣言的記憶と手続的記憶と呼んだ。ハーバード大学のダニエル・シャクターは、外示的記憶と内示的記憶を区別し、似たような二区分を提唱している。作業原理を意識することは外示的記憶において起こることであるが、作業それ自体は無意識的な要素によって内示的記憶によって行なわれている。技能学習、プライミング（4）、および古典的な条件づけ（条件反射）は、すべて内示的記憶あるいは手続的記憶の例である。これらは側頭葉性健忘症においても健常であり、側頭葉の記憶システム以外の脳部位が関与している。記憶を二つに区分する仕方は、長年にわたりいろいろと提唱されてきたが、意識的記憶、外示的記憶、宣言的記憶と、無意識的記憶、内示的記憶、手続的記憶との区別は、今日の考え方に大きな影響をあたえたのである。

それでは、情動的な状況において記憶がいかにつくられるかを理解するために、外示的記憶と内示的記憶の区別に含まれている意味を考えてみよう。自動車で坂を下っていて、恐ろしい事故に遭うことを考えてみる。警笛の音が耳についている。この体験によってあなたは苦痛の中にあり、心が傷ついている。後になって、警笛の音を聞いたとき、内示的記憶システムも外示的記憶システムも共に賦活される。警笛の音（音の神経的表現）は恐怖条件づけの刺激となり、聴覚系から直接扁桃体へ送られ、危険な状況下で通常起こるような身体反応を気づかぬうちに引き起こす。警笛の音はまた新皮質を通って側頭葉記憶システムに達し、ここで外示的な宣言的記憶が賦活される。

意識下で処理された刺激は、意識の上での記憶を賦活することなく、あるいは意識に上がることもなく、扁桃体を活性化することがある。刺激自体に気づかないか、その意味に気づかないか、いずれにせよ刺激を無意識的に処理することはあり得る。たとえば、先に述べた事故が起こってからかなり時間が経ったために、外示的記憶システムは、警笛が鳴り続けたなどの事故の詳細についての多くを忘れてしまったと考えよう。長い年月が経った現在、警笛の音は外示的記憶システムからは無視されている。しかし、情動記憶システムは警笛の音を忘れていないとしたら、それによって扁桃体が刺激されたときには情動反応が引き起こされるだろう。このような場合、なぜそうなるのか理解できないけれども情動的にとても苦しい状態にあるかもしれない。このように、情動は呼び起こされているがなぜこんな感情を持つのか分からないという状態は、多くの人でよく起こることである。このことを裏づける二つの事実が、その可能性を示唆している。一つは、外示的記憶システムはもの忘れがひどく不正確なことで悪名が高いこと。二つ目は、条件づけ恐怖反応は時間が経っても減弱しないことである。実際、恐怖反応は時間が経つにつれて増強することがしばしば見られ、「恐怖の培養」と呼ばれる現象がみられることである。条件づけられた反応を減弱するには、学習した引き金としての条件刺激を、非条件刺激をあたえることなしに繰り返し何度も示すことによって行なうことができる。しかしながら、一度鎮静化した反応が再燃することはしばしば見られ、再燃しない場合でもストレスのある出来事によって息を吹き返すことがあり得る。このような観察によって、条件づけ恐怖学習は著しく回復しやすいものであり、消えにくい形の学習であると結論できる。

内示的な情動記憶と情動体験の外示的記憶の形成には別々の異なるシステムが関与しているという考えは、おおよそ三歳以前の経験を思い出すことができないという幼年期健忘をよく説明している。幼年期健忘はフロイトが初めて採り上げた問題で、子供は二歳ぐらいまでには上手に話せるようになり、精神的にも複雑な状況に対応できるようになるが、後になってこの時期に起こったことの話に及んでも、その記憶はないという。これは、記憶を司る海馬が働くようになるには、他の脳領域（扁桃体）に比べて少し長い時間がかかることによる。

　このようなことから、ジェイコブズとナデールは、子供時代に被った心の傷が、思い出しはしないが、長く続き、その後の精神生活に悪影響をあたえるようなことがどうして起こるのかについて特に関心を持った。精神的苦痛の出来事（トラウマ）を無意識のうちに記憶するこのシステムは、海馬に先んじて成熟すると主張した。彼らは、この精神的障害を意識下に残し、記憶するシステムが何であるかをはっきりさせていないが、このシステムが扁桃体とその神経結合に大いに関係していることは今やわかっている(5)。

(四)　無意識的、内示的な扁桃体記憶（その三）

　情動的な出来事、特に心に傷を負わせるようなことは、その体験をよりよく記憶するよりは健忘を伴うと言われる。多くの逸話によれば、戦場の兵士、強姦、近親相姦、あるいは暴力事件の被害者には、心の傷害を伴う外示的記憶がきわめて希薄であるか、まったく存在しないこともあるという。これらの観察結果は、不愉快な出来事は意識から回収され姿を消すというフロイト理論に一致している。記憶を増強するのに対して記憶の消去を促す状況はよく分かっていない。しかし、情動の傷害の期間や強さに何か関係があるのかもしれない。

臨床的に不安傷害を示す患者の中には、不安の原因と考えられる特別の外傷体験さえも思い出せない者もいるという事実は条件づけの理論の側からは困難の種であった。これに対して、主な論争点は、フロイトの精神分析論では、不安は外傷体験の記憶が無意識の心の隅に送り込まれた時にのみ起こると考えられている。抑圧のような神秘的で科学的根拠のない事項を必要とすることを好まないため、条件づけ理論家たちは著しい外傷体験の記憶が認められない症例には苦闘してきた。外傷体験がないために条件づけが起こっていないのか、あるいは外傷体験は起こったが記憶されていないのか、という両方の可能性は条件づけ理論家に説明すべき課題を残している。

この謎に対する可能性のある解答が、ストレスを引き起こす事象が海馬に機能異常を引き起こすという最近の研究から現れた。

海馬のステロイド受容体は副腎ステロイドホルモンの放出量の調節に関与する制御系の一部と考えられてきた。ホルモンが海馬の受容体に結合すると、情報が視床下部へ伝えられ、下垂体と副腎がホルモンの放出を低下させるように指示される。ストレスに直面すると扁桃体はホルモンを放出せよと指示を出し続け、海馬はホルモン分泌を低下せよという指示を出し続ける。これらの情報回路を何回も信号が循環して、ストレスホルモンの血中濃度は、ストレスを受けた状況から要求される量に見合った状態に微妙に調節される(6)。

もしストレスホルモンがあまりに長く続くと、海馬はストレスホルモンの放出を制御し、日常の活動を遂行する能力の低下をきたし始める。ストレスにさらされたラットは海馬に依存した行動課題をどのように遂行するかを学習し、記憶することができなくなる。重要なことは、ストレスは人間における明確に意識された記憶機能をも傷害するということである。

最近の研究によると、人の海馬も同様にストレスに対して弱いことが明らかにされた。繰り返し虐待を受けた子供や外傷後ストレス障害のベトナム帰還兵のような外傷体験を受けて生き残った人々では海馬の萎縮が認められる。これらの人々では、ＩＱや他の認識機能は失われていないが、記憶能力が著しく低下していた。このように強いストレスを体験すると人の海馬とその記憶機能に変化が起こる。

時にはストレスは外示的記憶の形成に役立ち強化するように働く（フラッシュバルブ仮説を思い出してほしい）。しかし、ストレスは同時に外示的記憶を低下させることもある。我々は現在、このパラドックスに対してなるほどと思わせるような説明をすることができる。すなわち、記憶はアドレナリンの促進作用によって弱いストレスでは強化されるが、ストレスが非常に強くしかも長引いて海馬が損傷を受けるほど副腎ステロイドのレベルが逆に上昇する場合には、記憶は低下する。

現在知られている限り、ストレスは扁桃体の働きを妨害することはない。それどころか、ストレスは扁桃体の機能を強めさえする。したがって、外傷体験に関わる意識記憶は乏しくても、同時に扁桃体を介した恐怖条件づけによる記憶されない非常に強力な内示的な情動記憶が形成されることは大いにあり得る。また、以下に記するストレスの他の効果のゆえに、このような強い無意識の恐怖は消去が非常に難しくなる。すなわち、このような無意識の恐怖は、目にみえない悪い影響を一生の間あたえ続ける可能性のある、強力な不安の源泉となり得る。しかし、このような強力で意識下に蓄えられた記憶が明確に意識された記憶へと変換されるようなことは起こり得ない。さらに、もし意識された記憶が形成されなかった場合には、記憶は回復されない。

外傷体験の諸状況は、時に意識と直接関係のない記憶系に蓄えられるのは明らかだというフロイトの信念は正しかった。これに対し抑圧（フロイト学派の意味での）が関与しているかどうかという点はそれほど確かではない。外傷体験を思い出せないのは、なお証明を要するが、海馬がストレスによって機能停止に陥ることに起因すると考えられる。とは言え、これらに照らして、不安の外傷の源泉がいつも思い出されるのではないという事実についての不安の条件づけ理論をぶちこわすものは何もない。もちろん不快な経験が抑圧されるということは現実によく起こることであり、これはまだ科学的に理解されていない部分である。そして不安傷害の中には、最初に外傷体験がなくて発症するものもある。それにもかかわらず、私たちはこの傷害のいくつかの側面を、わかりやすい生物学のことばで説明できるのではないかと考えるメカニズムを少なくとも一つは手にしている（脚注〈6〉で述べたように）。

（五）　無意識的、内示的な扁桃体記憶（その四）

神経症のヒトもそうだが、皮質の損傷を受けたラットの扁桃体は、刺激がもはや危険とはかかわりないことが示されてもしつこく恐怖反応を示し続ける。消去には扁桃体に対する皮質の制御がかかわっていると思われる。そして非準備性の条件づけされた恐怖でさえも、扁桃体は皮質の制御を失うと消去されにくくなる。

海馬と同様に前頭前野もストレスによって性質が変えられる。最近の研究によれば、海馬と同様に前頭前野は過剰なストレスホルモンの放出を抑制するように働く。ストレスが長引くとこの負のフィードバック制御機能が崩壊するので、前頭前野と海馬は両方とも障害を受ける。ストレスによって引き起こされる前頭前野機能低下は扁桃体へのブレーキをゆるめて、新たな学習をより強化し、消去がより起こりにくくなり、また以前に消去された条件づけ恐怖が新たに呼び起こされることもある。

扁桃体を経由する恐怖条件づけは一種の無意識のうちの学習の一形態であり（関与する情報の入力経路には無関係であるが）、恐怖症の患者は恐怖の原因となっている刺激を意識的に恐がる。これは、恐怖症患者が、側頭葉の記憶系で形成された、ヘビや高所などを恐れていることを思い起こせるような、はっきりと意識された記憶を保っていることによる。そして、この記憶は初期の外傷体験を学習する状況で確立されるのだろうが、ある恐怖症の患者は、おそらくストレスによって引き起こされた記憶喪失のために、そのような学習体験を思い出せない。このような例では、恐怖症の対象となっている意識的な記憶が、恐怖対象物に出会うという後の経験によって確立されると考えられる。恐怖症の対象物と出会うと、扁桃体は刺激を無意識のうちに感知し恐怖を身体的に表現する。この身体的な反応を意識すると、患者はこの覚醒を、最も当てはまりそうな対象物のせいにして（シャヒターとシンガーによる）、彼らがそのようなタイプの対象物を恐がっているのだという記憶を作り上げてしまうのである。ヘビ、クモ、高所のような恐怖症の代表的な対象物の場合には、人々は普通これらのものを恐怖症の対象とするであろう。記憶が意識に呼び戻されること自体が強い刺激になって、扁桃体を活性化し皮質領域（海馬を含む）から扁桃体への結合を介して不安反応を引き起こすのである。たとえ初期の学習について意識的な記憶を保持していなくても、外示的記憶に蓄えられた恐怖状況について多分気づいている。

条件刺激は扁桃体を無意識に活性化するが、同時に側頭葉の記憶系にも到達し、最初の外傷体験を呼び起こしたり、このような意識された記憶は（扁桃体によって恐怖反応が無意識のうちに活性化されたために）、強い情動反応が引き起こされたことを自覚することとあいまって、不安と当惑を意識にのぼらせる。このような情動反応が起こったことの認識の流れは今度は大脳皮質と海馬から出て、さらに扁桃体を刺激する。そして、扁桃体の反応が身体的に表現されると、皮質は情動表出が進行中であるということを認識し続け、さらに不安感と不安に関する記憶を強める。脳はこのようにして情動と認識の両方の興奮の悪循環にはまり込み、暴走する機関車のようにスピードを上げ続ける。

ＰＴＳＤでは恐怖症の学習過程で提唱されたように、皮質下の感覚情報処理領域から扁桃体への直接の投射が関与している可能性がある。もしそうであれば、なぜ発作が非常に衝撃的で制御不可能であって、（ベトナム戦争帰還兵の戦争神経症患者の体験談(7)における銃声や稲妻からドアの閉まる音まで）

非常に容易に誘発されやすくなるかが説明できそうである。これまで見てきたように、皮質下の経路は扁桃体にスイッチを入れ、皮質が反応しようとしているものが何であるかを認識する前に情動反応を開始する。そして、これらの経路は異なる刺激間の区別をつける能力があまり高くないので、一般化が起こりやすい（この神経回路にはドアがぱたんと閉まる音は銃声とそれほど違っているとは認識されないのである）。外傷体験は、おそらくある人々においては何らかの理由（遺伝的あるいは経験的な）から脳にゆがみを引き起こし、その結果視床から扁桃体への経路が皮質から（扁桃体への）経路に対して優位となり、この低レベル処理の神経網が学習と情報の蓄積において主導権を持つようになる。後になって、外傷体験の際に起こったものとは似てもいない刺激が暴露されても、刺激はすばやく扁桃体への強化された経路を稲妻のように進んで恐怖反応を引き起こす。このような皮質下の経路を意識的にコントロールするのはずっとむずかしいことは確かであろう。同時に意識的な記憶は不安発作の際に形成されるので、このような発作が意識的に認識されると、発作を伴う身体的感覚が不安を強力に引き起こす因子あるいは促進因子となる。

おわりに

まずフロイトは、断片的な記憶が感情と結びついたとき記憶として認識されると述べたが、ジェームズ・L・マツガウは記憶の固定化に関わる扁桃体（感情）の役割を解明することによって、その正しさを示したのである。

第二に、不安とは起こるかもしれないことへの恐怖であり、フロイトの精神分析論の核心をなしている。そこでフロイトは、不安は外傷体験の記憶が無意識の心の隅に送り込まれたときにのみ起こると考えた。すなわち、彼は外傷体験の諸状況は時に意識と直接関係のない記憶系に蓄えられるは明らかだとしたのである。このフロイトの信念の正しさを、ルドゥーは脳神経科学の知見から次のごとく裏づけたのである（フロイトの抑圧のカテゴリーにとらわれず）。

扁桃体の領域の多くは恐怖条件づけに関わっている。しかも、この情動学習は新皮質を迂回する経路によってなされているのである。そして、この視床扁桃体路が、視床皮質路→扁桃体経路にくらべ情報処理に要する時間は約二倍速い。

適度なストレス（情動）は記憶の固定化に貢献するが、過度なストレスは逆に海馬や前頭前野の機能を低下させ意識的記憶を「失わせる」。そして、後者の機能低下は扁桃体へのブレーキをゆるめて、その新たな学習をより強化し、消去が起こりにくくなり、また以前に消去された条件づけ恐怖が新たに呼び起こされることもある。あるいは、外傷体験の外示的記憶は長い時間が経過するにつれてそれを喪失する。しかし、内示的記憶は喪失されない。それらの記憶が何かが引き金となって恐怖情動体験を突如蘇らす。この恐怖体験が意識（皮質により）されると、さらに扁桃体の内示的記憶を活性化させ恐怖体験が増幅される。そして、この何かが引き金となる悪循環が続く。これが、神経症であり、ＰＴＳＤ

(8)である。

注

(1)　一九七〇年代にアメリカの心理学者たちの手によって、「ケネディ大統領暗殺のニュースを聞いたときの記憶」についての調査が行なわれたことがある。驚いたことに、ほとんどの人がその瞬間どこで何をしていたかを鮮明に記憶していたという。

(2)　海馬は場所訓練の記憶を（ラットだけでなく、ヒトでも）、尾状核は手がかり訓練の記憶をというように、脳部位には特定の種類の記憶の固定化に関係するするものがいくつかあるようであるが、他方、扁桃体は無差別で、記憶の固定化へ影響する際、どんな種類の学習情報にもかかわっているようである。実際、扁桃体（外側基底核）は記憶にかかわる数多くの脳部位とつがっている（尾状核、海馬、嗅内皮質、側坐核、マイネルト基底核、他の皮質領野）。

(3)　トラウマになりそうな出来事を経験した直後の救急隊員に、プロプラノロール錠剤を投与すると、その経験から一ヵ月後ではPTSDの症状は少なく、二ヵ月後にその出来事を思い浮かべるように求められたときも、血圧上昇などの生理学的反応は低かったという結果が得られている。
　トラウマは、情動をかきたてる経験がより強固に固定化されることによって生ずるが、それはストレスホルモンであるアドレナリンと神経伝達物質であるノルアドレナリンが大きな鍵となっている。プロプラノロール錠剤は情動が長期記憶の固定化を増強する働きを抑制したのである。

（4）一度接したことのある情報を無意識的に記憶に留めておくことで、二度目に出会ったときにすばやく対応することを可能にする。

（5）扁桃体の発生上の成熟化についての生物学的研究はあまり進んでいないが、行動学的研究から、まさに扁桃体は海馬より先に成熟していると考えられる。コロラド大学のルーディーと同僚研究者は、ラットが海馬依存性課題と扁桃体依存性課題を学習する年齢を調べた。扁桃体の課題は、海馬の課題より早い時期に獲得されることがわかったのである。扁桃体は、機能的にも海馬より先に成熟するようである。

それと、前頭前野は短期記憶の貯蔵に役割を果たしているが、前頭前野は児童期から青年期を通じて発達を続ける。だから、幼児は短期記憶と作業記憶の基本的能力を持っているが、この能力は児童期を通じて洗練されていく。前頭前野の発達と記憶テストの成績は並行して進んでいくから、「成人」にとっては何でもない課題が、幼児にとっては困難だということは大いにあり得る。

海馬未発達説に対して、最近海馬は一五カ月で一応の完成をみる、という説が提起され有力になりつつある。それによると、ではなぜ記憶が形成されないかというと、記憶の形成には言語表現が必要であり、幼児はそれが未発達なことによるとしている。それと、記憶形成には自我や心の発達、記憶すべきものを整理し、組織化する力量が必要であり、それは前頭前野が担っている。それが幼児には未発達なのである。

以上のことも含めて、いずれにせよ、扁桃体の記憶の方が早く形成・保持されるのに変わりはない。

（それと、幼児期健忘の問題として、この時期における脳のニューロンのネットワーク形成において、それ以前に形成された不必要なニューロンシステムが急速に「刈り込まれる」ということがある。）

（6）ラットに非常に強いストレスと同様の効果を示す量の副腎ステロイドを投与した実験——いったん副腎

ステロイドの血中レベルが一定の値に達すると海馬は視床下部に副腎皮質刺激ホルモン放出因子（ＣＲＦ）の分泌を低下させるように指令を出す。そして、ステロイドのレベルがある臨界値に達すると、海馬の神経回路は変調をきたし始める。これとまったく対照的に、同じ状況において扁桃体の中心核においてＣＲＦが劇的に上昇する。ステロイドの血中レベルが増大するにつれて扁桃体の活動はますますさかんになる。

以上のことは根本的に、扁桃体に対するストレスの効果は、海馬・視床下部回路に対する効果とは非常に異なっていることを示している。

（7）「私は記憶を自分の心から追い出すことができない。戸が閉まる音や揚げた豚肉の臭いのようなまったく関係ない事柄が引き金になって、イメージがありありと、細部まで、おびただしく蘇って来る。昨晩、寝床に入ってよく眠っていた。すると稲光と雷の音ですぐ目が覚め、恐怖に凍りついた。私はベトナムに戻っていたのだ。私の手は凍りつき全身から汗がふき出した。背中の毛がすべて逆立つように感じた。驚きで息が止まり心臓ははげしく打った。次の雷鳴で私は飛び上がり床にころげ落ちた……」（Charney et al.〈1993〉）

（8）ＰＴＳＤ患者の、脳イメージングの所見では、その機能的神経構造において、扁桃体とその遠心性回路に活性化が見られ、ブローカ野とおそらくは他の前頭葉領域の活性化が低下しており、海馬の機能に障害が見られる（明らかな体積減）、ということである。

第三章　脳から見た認識における情動や感情の役割の問題

はじめに

これまでの（マルクス主義哲学の）認識論の骨子を述べれば、認識を感性的なもの（感覚、知覚、経験など）と、理性的なもの（思考、論理など）に区分し、それから、前者から後者への移行による認識の深化と、それらの交互作用が論じられて事足れりとするものであった。そこでは、認識における情動や感情のはたす役割の問題は看過されていた。このような状況の中で、それらの役割の重要性に言及したのは、哲学者ではなく、心理学者たち（ルビンシュテイン、ルリアなど）であった。そこで私はこれまで、特にルビンシュテインの業績を評価しつつ、認識における情動、感情のはたす役割の問題を解明、展開してきたのであるが（美の役割にも言及した）、今回は、脳科学の成果を踏まえ、その問題を解明、展開しようとするものである。

一　脳における情動、感情を司る部門の位置とその関連回路

まず情動、感情に関係する脳のその位置と関連回路であるが、古い脳で生命の脳といわれる脳幹の上に、欲求を司る視床下部と内外のあらゆる感覚情報が集まる視床があり、この間脳を囲んで輪のように広がる部門が大脳辺縁系で、記憶の海馬、感情の扁桃体、その奥に表情・態度を担当する大脳基底核（尾状核、被殻）、やる気の側坐核がある。そしてこれらに蔽い被さって大脳新皮質――記憶、学習、言語の脳である側頭葉、前方に意志、創造の源である前頭葉（その三分の二は前頭前野）がある。またこれが重要なことであるが、脳幹からこれらの脳に快感を感じさせ、やる気を起こし、創造性をもたらすドーパミンを運ぶA10神経がのびていることである。

以上は情動、感情に関する脳の位置と関連回路のアウトラインであるが、つぎにそれらの内的関連について述べよう。

人間も動物も遺伝的に定められ、生物として環境に適応する力が本能である。そしてこの生存活動で、目的を達したときには快感を、しないときには不快感を感じる。それゆえ、この本能的生存活動そのものが情動の源なのであり、したがって情動はそれと密接に結びついている。しかしこの情動は、人間の

場合、人間だけに発達した大脳新皮質によって昇華され、高次な感情（喜怒哀楽）として表出される。そこが、本能的情動のままに生きる他の動物との相違点である。

ところで、人間においてこの喜怒哀楽を生み、情を醸し出す中心に位するのが、古い脳の大脳辺縁系である。大脳辺縁系は視床下部と大脳新皮質の中間にあって、食欲や情欲などの欲求を視床下部とともに支配し、感情をコントロールしている。前頭葉の直後にある大脳辺縁系に属する側坐核には、ＴＲＨ（甲状腺刺激ホルモン放出ホルモンの略）のレセプターが多く分布している。ＴＲＨは視床下部を中心に分泌されるやる気のホルモンである。そのＴＲＨが側坐核のレセプターに結合することによって、やる気が起きるのである(1)。

側坐核の後ろ下に扁桃体がある。これは欲求の脳（視床下部）とやる気の脳（側坐核）の中間にあって、好き嫌い（喜怒哀楽）を決める脳である。ここで注目すべきは、視床下部や側坐核の本能（欲求、やる気）の流れと記憶の流れが、ちょうど扁桃体で交差していることである。すなわち、扁桃体の後部は記憶の海馬の先端に接続し、そこを包むように記憶、学習、言語の側頭葉がある。扁桃体はまさにその交点にある。

好き嫌いを決めるには、その物差しとなるものが必要である。それが記憶である。記憶には先天的な生命記憶と、後天的な学習や経験による記憶の二種類がある。それゆえ、記憶は心の根底であり、知能の根底でもある。その意味で、扁桃体が本能と記憶の脳の流れの交点にあるのはいわば必然であり、その重要さのほどがうかがい知れよう。

扁桃体は人間のあらゆる感覚情報を総動員して周囲を監視し、それが自分にとって安全かそうでないか、快か不快かを瞬時に判断している。したがってここには、内外のあらゆる感覚情報が集まっている。体内からの情報（内臓感覚など）は主に視床下部から、外部の視覚、聴覚、味覚、触覚の情報は視床から直接と、それに大脳新皮質の感覚野を経て入力し、臭覚は扁桃体の前部にある臭球から臭結節を通して直接入力している。

富山医科薬科大学の小野武年教授の実験室で、サルの扁桃体の神経細胞を調べたところ、スイカにだけ反応するスイカ細胞が見つかった。その他にも嫌いなヘビにだけ反応するヘビ細胞、クモにだけ反応するクモ細胞が発見されている。

さらに驚くことは、サルの扁桃体に人間の笑顔にだけ反応する細胞があるということである。京都大学霊長類研究所の久保田競教授の研究室では、サルの扁桃体外側核に電極を入れて調べたところ、男の顔でも女の顔でも笑顔にだけ反応する細胞が見つかった。

この細胞と記憶の脳である海馬、側頭葉の関係はまだ不明だが、好ましいもののサインである食べ物や笑顔は快のシンボルとして記憶されて、その記憶が細胞の反応を促すことは十分考えられる(2)。

扁桃体を中心にした大脳辺縁系には、働きが違う二つの神経回路がある。一つは、情動に関与する本能の流れであり、視床下部―扁桃体―側坐核のルートで本能から喜怒哀楽を形成する。もう一つは、記憶の流れで、海馬―扁桃体―側頭葉と連なる。そしてこの二つの流れは、最終的には前頭葉で合流する。また海馬は、大脳新皮質とも深いつながりがあり、視覚、聴覚、体性感覚、臭覚などの感覚情報を感覚野から受け、さらに前頭葉からも入力している。つまり、あらゆる感覚情報は、扁桃体同様、海馬にも送り込まれ、この情報が記憶の源泉になることは言うまでもない。

扁桃体は他方、このような海馬と側頭葉による記憶を参照しながら、瞬時に好き嫌い（快、不快）の決断を下しているのである。

ところで最近、扁桃体はこのような情緒的な問題に関与しているばかりでなく、大脳新皮質の連合野が行なっている思考作用の価値判断にも手をかしているのではないか、と考えられるようになってきている。たとえば、私たちが花のよい香りを嗅いで心がなごむように、新皮質の連合野を使って考え出したあるアイデアを、これはよいアイデアだといって喜んだり、つまらないといってがっかりしたりする。その場合、思考作用の結果の満足、不満足の価値判断を、快、不快の価値判断のシステムを転用して、新皮質ではやらずに、扁桃体の生物学的価値判断のシステムを使って行なうのではないか、という新しい考えが生まれてきた。また考えるにしても、いやいや考える場合と、面白いと思って考えるのとでは、考える態度にも違いが出る。このような動機づけを行なっているのが大脳辺縁系の帯状回である。新皮質の連合野が考え出したアイデアを記憶しておく装置は海馬であり、思考が活動する際はいつでもデータが取り出せるようになっている。このように考えてくると、新皮質の連合野の思考機能は、新皮質の中だけで行なわれるのではなく、大脳辺縁系が新皮質と連帯して思考を動かしているとも考えられる。その意味で、大脳辺縁系は情動の座ばかりでなく、かなり知的な面にまでも影響力を持つものと考察できる(3)。

二　情動、感情の知的、認識的側面への作用（その一）

この扁桃体および大脳辺縁系がかなり知的な面にまで（つまり、認識の面にまで）影響力を持っている、という問題は第一に、記憶の自己確認は記憶の内容よりもそれに随伴している感情ではないのか、ということである。

そもそも私たちがある対象を認知するということは、その知覚対象を記憶に残された既知対象イメージとの絶えざる照合作用の結果（再認）にほかならないが、たとえば通りすがりの人が突然自分に向かって挨拶をしたときなど、一瞬にして相手の顔が自分にとって既知の顔であることを確認する。しかし、そんなときでもその人がどこの誰であるかわかるとは限らない。知っているには違いないが、即座に誰かは同定できないことがある。ひどい場合は、話かけられてもなお誰であるかを思い出せず、あたりさわりのない会話を苦しまぎれに交わしたりする。

今の前半の例は、既知のものを既知のものとして確認するのに私たちは何の努力も払わないケースだが、その際私たちは同時にある種の感情、つまり既知感とでもいうべき対象に対する親しさの感情を伴っていることを看過してはならない。通常はこうした既知感情は記憶内容と合致している。だが後半のケースのように、正確な内容を伴わないまま、既知の感情だけが記憶の暈のように湧き上がることもある。

大脳損傷患者では、このような既知の感情と記憶の内容がお互いに解離してしまうことがある。ある患者は過去の出来事は何となく追想されているが、その追想内容には既知感が伴わない。思い出した記憶は自分のもののようにも思え、そうでないようにも思えるのである。逆に、想起さるべき記憶がイメージ抜きで、既知感だけが出現する場合もある。ジャクソン（イギリスの神経学者）が回想感情と名づけた病態がそれである(4)。目前のイメージが過去の色に染まるのである。このような病態は、現実体験とは違うという意味で、既知感幻覚とも呼ばれている。

ジャクソンに記載がなく、ペンフィールド（カナダの脳外科医）以後の研究者が記載していることで興味を引くのは、このような既知感幻覚がもう一つの異常な感覚、すなわちこれからどんなことが起こるかがすべてわかっているという感情（予知感幻覚とでも呼んでおこう）と混在して経験されることがあるという事実である。つぎは、発作が始まった直後の看護師と患者の会話の記録である。

懐中電灯を手に入ってきた看護師が尋ねる。

――いつもと同じ感じがするの？「はい。あなたが今入って来ますね。これもそのうちです（発作体験の一部という意味)。つまり、ボタン(発作が始まったら直ちに押すようになっているボタン)を押したとたん、押しやめたんです。あなたがやって来るのはわかっていましたから、今起こっていることはみんなもうあったことなんです。懐中電灯をつけて、あなたがやって来ることもわかっていました。すぐにもっと人がやって来るでしょう。それも見えています。前に起こった通りです。同じことの繰返しです。先のことが見えるようになり、眩暈がしてきます(5)」

このめずらしい発作中の会話記録は、この患者が既知感幻覚と予知感幻覚をないませした、不思議な時間体験の異常を経験していることを示している。実際に、私たちの体験する時間は、物理的時間とは別の独特の心理構造を持っている可能性がある。

これは一つの仮説だが、時間の流れは代謝の流れとして生体に刻印されており、その刻印は感情という心理表現をとっているのではないだろうか。私たちは感情的には常に今に浸っている。これは生命の状態、その過程そのものであるから、今以外の感情というものはない。この感情の動きは、未来へ向かうものとして方向づけられている。心理時間の経過は、この感情の記憶として残されてゆく。今に近いほどこの感情の濃度は強く、今から遠ざかるほど感情記憶の濃度は薄くなってゆく。この感情記憶の濃淡が、時間というものの体験的背景をなしているのではないだろうか。

病的な状態において、もし今活動すべきでない脳の一部が興奮し、過去の感情の記憶を賦活したとしよう。この場合、賦活された感情の痕跡は過去の一時期のものであり、今とは関係がない。だから、今体験している知覚内容が過去の感情に染まることになる（既知感幻覚）。このときまた、今の事実を「過去」に浸されて、つまり「過去」に身をおいて経験するわけだから、目前に生起しつつあることすべては、もう知っていたことのように思えることにもなる（予知感幻覚）。

実際、記憶障害の強い患者ほど（今の）感情的な動きが乏しくなるケースが多い。どうも感情の鈍麻と記憶障害の間には、強い関係がありそうである。それゆえ、記憶の自己所属性を確認する根拠となっているものは、記憶の内容というよりむしろ記憶に随伴する感情の方なのかもしれない。

それから、記憶障害とその回復が情動と強く結びついているということである。激しい精神的ショックによって（災害、戦争、肉親の急死など）一時的に記憶を無くすことはよく見られる現象である。そして、こういう心因性の健忘が長期間持続し、その健忘が起きた状況もわからなくなり、それが原因となって精神症状を引き起こすことがある。いわゆる「心の旅路」現象である。こういうケースで記憶が突然回復する場合には、必ず強い情動的な体験がきっかけとなる。

すぐ前に感情の時間の流れに言及したが、人間は時々刻々変化する日常生活に対応するためには、現在何をなすべきかを認識しなければならない。その現在の認識は過去の記憶と照応させることによって可能となり、そこに現在を基点として過去と未来が結びつく。その現在が設定できれば、感情的に動揺することなく、相対的安心感を持つことができる。だが、その現在が設定できなければどうなるか。それが設定できなければ、焦燥、恐怖にかられる。そうすると、ある記憶の表象が異常な意味を帯びてくることになる。その異常が一時的なものならばまだましだが、病的なものとなったら、統合失調症の様相（妄想、幻覚など）となる。これは現実への対応において同じパターンを固執すること、すなわち過去の記憶を固執することになる。さすれば、人間の原初的な情動がコントロールできなくなる。原初の情動を制御するためには行動の様式を獲得しなければならず、これが形成されなければ、情動が爆発する。したがって、人間の理性や思考による論理的見通しとは、所詮情動の行動様式獲得に従属しているものかもしれない。

統合失調症になる問題を別の面から述べてみよう。統合失調症になった人のなぜその病に至ったかのきっかけの回想を読むと、過度のストレスから眠れなくなり発病したそうである。そしてたとえば、夢や白昼夢と現実の境界が無くなってしまったり、ある映画を観てそれはまったく自分のことだと思い込んでしまったりすることから、妄想、幻聴などが生じてしまうのである。そこで過度なストレスの問題であるが、私たちは日常生活において数多くの刺激や情報に遭遇し、それらを短期的処理、中期的、長期的なものに整理して対処している。これらの刺激や情報は「割り込み」である。つまり私たちは、たくさんの「割り込み」と格闘して生活しているといってもいい。では、これらの「割り込み」が処理仕切れなくなったらどうするのか。おそらくパニック状態に陥るのではないであろうか。

人間の情動、感情は野生環境で処理するレベルと、文明環境でのレベルに区分できる。前者のそれはその環境では合理的であるが、後者の環境の下では非合理的処理となる。なぜなら、たとえば怒りを爆発させてしまったら、相手に危害を加えることになってしまうからである（最悪の場合、殺人）。このことは、文明環境においても私たちは野生環境の感情で処理してしまう性癖があるということである。それゆえ、文明環境における感情は抑制的、かつ洗練されたものとならざるを得ない。つまり、野生的感情は理性によって「コントロール」されたものとなる。だが、場合によってはその感情が抑制過剰になるケースもある。そして、感情の抑制過剰が進行して緊張感が増し、それに「割り込み」過多が加わったとき、人はパニック状態に陥ってしまうことがある。そのとき、一時的にそうなった場合はいいとして、その状態が継続するようだと、野生的感情に支配されコントロールできなくなる。これが幻聴や妄想を生み出すのである。

扁桃体などがかなり知的な面まで影響力を持っていることの第二は、心理学でいう認知的不協和理論の問題である。この理論とは、すべての人は行動と信念の間の不調和を避ける必要を強く感ずるということである。

たとえば、ある人が自分は細心で保守的であると信じつつも、リスクの高い投資をしたとする。このとき、日頃の信念と行動との間の認知的不協和が彼を不安に陥れる。彼はこの不協和を避けるため、確実な優良株を買うなどして行動を変えるか、自分は私生活では細心で保守的でも、ビジネスでは大胆だと弁解すること（合理化）で解決をはかる。

この心理学の原理は、正常の分離していない脳（脳梁が切断されていない）を持った人でなされた多くの研究によって確かめられている。そして、分離脳を持ったP・Sさんがこの原理を使うことから、人間の意識における言語の役割が明らかになった(6)。マイケル・ガザニガが結論しているように、「環境は何らかの仕方で私たちの心にひっかかりをあたえる。言葉のシステムは、それがなぜもたらされたのか、何なのかわからないかもしれないが、その働きの一つは情動システムや他の心的システムに基づいて、そのひっかかりに意味をあたえることにある。そのようにして、人は心的複雑さを持ちつつ、統一的な自己の幻想を持つことができるのである(7)」

このガザニガの見解は、スタンレイ・シャクターの情動に関する研究結果とも一致している。アドレナリンを注射されて意識がなくなった被験者たちは、何の説明もできない情動的な覚醒を感じたのである。この奇妙な体験をした彼らは、自分たちの周りの人たちの怒りや多幸感を示す行動を観察し、それによって自分たちの感情を意味づけたのである(8)。

今しがた、心理学における認知的不協和理論の問題に触れたが、この問題を他の側面、すなわち左右の脳の機能分担から展開してみよう。周知のように、左脳は言語的なものを右脳は情動的なものを司っている。

私たちが目覚めているときはいつも、途方もない量の感覚情報が脳に入力されている。それらの情報は一つ残らず、貯蔵された記憶に基づいてすでにできている、自分自身の周囲の世界について一貫した全体像の中に組み込まれなくてはならない。脳は一貫性のある行動を起こすために、過剰な細部を整理して、内的な一貫性を持つ安定した信念体系をつくる何らかの方法を持たなくてはならない。新しい情報の品目が入ってくる度に、すでにある世界観の中に継ぎ目なく入れ込むのだ。この仕事は左脳が行なっている。

さて、筋立てにまったく合わない情報が入ってきた場合、どうすればいいのか。一つの選択肢は、台本をすべて破棄して初めからやり直すことだ。ストーリーを全面的に改めて、世界や自分自身について新しいモデルをつくり出すことだ（右脳のリーダーシップ）。問題はこのやり方をとると、脅威となる情報の一片が入ってくる度に行動が混乱して不安定になってしまう。これでは気が転倒してしまう。

左脳が実際にとっている方法は、異常をまったく無視するか、もしくはそれをねじ曲げてすでにある枠組みの中に無理に押し込んで、安定を保つことだ。いわゆるフロイトの防衛機能（否認、抑圧、作話、自己欺瞞など）をとることだ。

これに対して右脳は、現状に疑問を投げかけ、全面的な不整合を探す。異常な情報がある閾値に達すると、右脳は既成のモデル全体の徹底的な改変を強行して、一からやり直すときが来たと判断する。まさにクーン流のパラダイムシフトを遂行しようとする。

問題は両者がケースバイケースでバランスがとれて正しく機能することだが、もしこれが疾病で一機能の働きのみとなってしまったらどうなるだろうか。

脳卒中の部位が左脳にある患者は、右脳にある患者よりも抑うつに陥ったり、悲観的になったりする傾向が強いという報告（ガイノッティやロビンソン）がある。この違いは普通、右脳がより情動的であるという事実によるとされているが、これまでの叙述から明らかなように、患者が左脳に損傷があるため、私たちが生活の小さな矛盾に対処するときに使うような最低限の防衛機制をしないので、あらゆる異常にさえも動揺を起こす潜在力を持つようになってしまうことが考えられる。

脳卒中で右脳に損傷を受けた患者に半側無視（自分の視野の対象物の左半分が見えない）の症状があり、しかもその結果を否認してしまう疾病の患者がいる。これは右脳がダメになるとクーン流のパラダイムシフトがまったく作用せず、左脳の防衛機制のみが働き、そのため否認や作話やその他の戦略を自由にとれるようになるからである。事実失認患者には、左の手（あるいは足）が麻痺していることを否認するだけでなく、自分の麻痺した手を自分のものではなく、他人のものだと断言する人もいる。

三　情動、感情の知的、認識的側面への作用（その二）

扁桃体や大脳辺縁系が知的な面にまで影響力を持っていることの第三は、美の問題、すなわち芸術における典型やデフォルメや戯画化の問題である。

ラットに正方形と長方形を識別することを教え、長方形を選べば褒美をあたえるようにすると、どういうわけかそもそもの原形よりもより細長い戯画化した長方形（たとえば、縦横の比を2対1から3対

1にしたもの）の方に激しく反応する。このパラドックスは、ラットが学習したものは「長方形であること」という規則であって、その説明の特定のサンプルではないと考えると解決できる。脳の視覚形成領域の仕組みから、規則の強制（より長い長方形）はとりわけラットを促進し（喜ばせ）、ラットの視覚系が規則を発見するための刺激となる。同様にたとえば、ある人の顔から平均的な顔の要素を除き、違いをデフォルメすると、もとの顔よりも彼らしい戯画ができあがる。実際視覚系はいつも規則を発見しようと奮闘している。このことは、相互関係や規則を抽出してさまざまな次元（形態、動き、陰影、色彩など）に沿って特徴を束ねることを専門にしている線状部の多くが、進化の早い段階で大脳辺縁系と結びつき、喜びの感情を生み出すようになったものである。その結果、特定の規則を強調して無関係な細部を排除すると（これは典型でもある）、絵はさらに魅力的に見える。またこのメカニズムと、これに伴う大脳辺縁系の結合は、右脳の方に顕著であることも言っておきたい。左脳の脳卒中患者が卒中後絵が上手になったという症例が多数報告されている。おそらく右脳が左脳に束縛されず、自由に規則を強調できるようになったからであろう。

第四に大脳辺縁系は、宗教的体験にも関与している。てんかん発作のあったドストエフスキーは、発作が起こるとしばしば宗教的な至福につつまれた話は有名だが、てんかん発作による宗教的体験は以前から側頭葉の（特に）左脳で起こることが知られていた（また発作中だけでなく、発作のないときや発作と発作の間にも宗教的あるいは道徳的な問題にとりつかれるケースがあることも）。

側頭葉とは合理的思考を司る大脳新皮質である。だが患者たちは、感動的に霊的体験をするのであり、周囲のあらゆるものが宇宙的な意味に満たされていると言う。それゆえ、この悟ったという意識、真実がついに啓示されたという確信は、情動に関与する大脳辺縁系からくるはずで、思考を司る合理的な脳領域からくるはずはない。患者たちの宗教的な情熱の引き金は、側頭葉に限らず、どこでも起こる可能性があるが、それでもその活動性は最終的には大脳辺縁系になだれ込み、宗教的イメージを増強するのである。

第五に、大脳辺縁系が知的な面にいかに重要な役割を演じているかを、その若干の疾病を述べることによって浮き彫りにしよう。

まず第一に、カプグラ・シンドローム（症候群）についてである。このカプグラの妄想を持つ患者は（まったく正気であるケースも多いのだが）、親しい人（両親、子供、配偶者、兄弟姉妹など）を別人だと思うようになるものである。では、このようなことがなぜ起こるのか。それは、脳は一連のエピソードを結びつけるときに、大脳辺縁系からの信号（知っている顔や記憶と関連づけた「あたたかみ」や親しみの観念）に頼ろうとするからである。しかし患者の場合のように、大脳辺縁系からの信号がないと、時間的継続性のあるカテゴリーが形成できない。このあたたかさの感情が欠けると、脳は毎回別のカテゴリーをつくる。だから今会っているのは初対面の人で、たとえば三〇秒前に会った人と似ているだけだと断言してしまうのである。認知心理学者や哲学者はしばしば、トークン（人、車など）とタイプ

（太郎、トヨタなど）を区別する。私たちが体験するものはすべて、一般的なカテゴリー（トークン）とこれに対する特定の標本（タイプ）の区別とその統一である。患者の所見は、この区別と統一ができず、一方の区別であるタイプのみの認識に終止してしまうのである(9)。

つぎは、フレゴリー・シンドロームである。これは、カプグラ・シンドロームが大脳辺縁系に欠陥があったため、そこからの信号が送られず、事物の認識における時間的継続性のカテゴリーが形成できなかったのとは逆に、認識の領域と扁桃体などとの連絡が過剰になったため、どの顔にも親しみや「あたたかさ」が吹き込まれるので、何度も何度も同じ顔を見ることになるものである。

第三は、コタール・シンドロームについてである。この障害は、患者が自分は死んでいると断言し、腐敗した肉の臭いがする、体中にウジ虫が這い回っていると言い張るものである。このシンドロームは、カプグラ・シンドロームが極端になったケースで、その点では同根である。なぜならカプグラの場合は、顔を認識する領域だけが扁桃体との連絡を絶たれたが、コタールの場合はすべての感覚領域が大脳辺縁系と連絡しておらず、そのために周囲の世界との情動的なつながりがまったく無くなった、と考えられるからである。患者は顔だけでなく、外界のどんな刺激に対しても反応がまったく起こらず、このことが彼らを死の体験に近い（タイプのみの）情動の孤島に追いやるものと思われる。

四　情動、感情の作用分子としてのドーパミンの役割

一の項目の冒頭で、脳幹から大脳辺縁系、大脳新皮質へ快感を感じさせ、やる気を起こし、創造性をもたらすドーパミンを運ぶA10神経がのびていることを述べた。

快感分子ドーパミンの最大の特徴は、人間の脳だけに特別多く分泌されている神経伝達物質である。特に、大脳新皮質の前頭葉とその周辺（大脳辺縁系）でそれが過剰に分泌されている。

ドーパミンの役割の研究はまだ仮説の域を出ていないが、第一にサルの実験結果から、空間的に配置された情報を短期記憶して、それに基づいて時間的に順序立てた行動を組み立てる、ということが考えられている(10)。人間に限らず、動物はみな時々刻々受け取る感覚情報に基づいて合目的な適応行動をとる。しかし人間だけは、そういった外部からのリアルタイムな情報だけでは行動せず、脳にストックさせていた記憶を外部情報と照合させてより適切な行動をする。この実験は、そのことを彷彿させるものである。すなわちドーパミンは、視覚情報の短期記憶から合目的な行動を導き出す役割を果たしているのである。

第二に、ドーパミンは動機づけ（やる気）の基ではないかという説である。脳の中には、自己刺激系または報酬系と呼ばれる部分があって、ここを刺激すると快感が起きて、何度もその刺激を求めて行動

するようになる部分がある。サルの脳のそこに電極を埋めて、ボタンを押す。そうすると、外部から報酬をあたえられなくても、サルはその行動を喜んでやる気になる。この報酬系の存在する箇所が、ドーパミンが大量に含まれている部分と一致する。人間でも脳内自己刺激装置の実験を行なった結果（精神病患者の治療のため）、中融核とか扁桃体を刺激すると、特に深い快感があったことが報告されている(11)。

第三に、京都大学霊長類研究所神経生理研究部門で発見されたことであるが、ドーパミンは、何かある手がかりになる刺激を得て、それに反応しなければならないというとき、その手がかりと反応行動の結びつきを強める働きをしているのではないか、ということである。つまり、何かと何かを結びつけるアソシエーションの働きである。これは前頭葉の重要な働きであり、これができるから合目的な行動がとれるのである。やる気といい、アソシエーション能力といい、前頭葉の重要な働きが、このドーパミンという伝達物質によって行なわれているらしいのである。

第四に、ドーパミンは、これまで第二でも言及したように、快楽をもたらす脳の化学物質と見られてきたが、最近になってそれ以上の働きをしていることが明らかになった。脳の中でドーパミン受容体が集中している場所は線条体だ。線条体は脳の中でターミナル駅の働きをしているのである。つまりドーパミンは、私たちの皮質の中でざわめきながら待機している数百もの情報の選択肢から何らかの活動を選び出し、それにあなたの運動システムをかかわらせているのである。

その何かをしようとするまでの過程を表現するもう一つの言葉は、動機である。動機が形成されて私たちの行動が生まれる。ドーパミンはその過程をスタートさせる触媒として働いている。その際ドーパミンは快楽に反応して分泌されるが、他方不快なものへの反応としても分泌される。実際ドーパミンは、これらの刺激（快、不快）に先んじて分泌され、快楽物質というよりむしろ予感物質として働いている。このプロセスを経てドーパミンは、線条体の中に勢いよく流れ込んできて、ある行動の列車を特定の路線の上に送り出しているのだ。

だが、そのドーパミンを出すきっかけとなるのは何なのだろう。グレゴリー・バーンズらは、スイスのフリブール大学の神経学者ヴォルフラム・シュルツのサルの実験結果から(12)、線条体はただ報酬のシグナルを送っているのではなく、報酬を予測するシグナルを出していることを導き出した。彼らはこれを人間でも確かめようと、ｆＭＲＩ（機能的磁気共鳴映像法）を使って線条体の中を覗き込んだ。そして、人間でもドーパミンは新しく予測できない報酬にもっとも反応することを見出したのである(13)。

最後に、一九八一年、ロバート・Ｈ・ロース教授（アメリカ、エール大学医学部の薬理学者）を中心としたグループが、画期的な実験結果を発表した。それによれば、心を直接創出する前頭葉とその近傍の脳（前部帯状回と側頭葉）へ向かうＡ10神経にだけ、オートレセプターが欠けているというのである(14)。さらに、この部分のドーパミンの単位時間内の作用数（ターンオーバー）がＡ10神経の他の部分の約二倍、よく似たＡ９神経の約四倍もあり、それだけ過剰活動していることが明らかになった。

このことは何を意味しているか。それは次のように考えられる。通常はA10神経がむやみに働かないよう、GABA（ガンマアミノ酸）神経がブレーキをかけている。だがこの神経には、脳内中の麻薬様の神経伝達物質であるオピオイドを放出する神経細胞がシナプスをつくって繋がっている。オピオイドがある程度放出されると、GABA神経のA10神経に対する抑制作用が緩められ、ドーパミンが前頭葉に放出される。しかし、A10神経終末にはオートレセプターが欠けている。ドーパミンが多く放出され、それにブレーキをかけるのに手間取る。前頭葉の活動が高まる。日頃はGABA神経の抑制装置が働き、私たちは平凡で、凡庸な生活を送っている（つまり、通俗的思考活動をしている）。ところが、オピオイドがその装置のネジを緩めると、平凡な日常生活から解き放たれて精神が飛躍する。これが創造性の秘密である(15)。研究者または芸術家が自己の研究や作品の構想を練るとき、特に情動的に彼らのそれに引き続く綿密な遂行よりも強烈に体験することがある（いわゆるインスピレーション）。ドーパミンは快感伝達物質である。これが前頭葉で通常値を超えて放出されると、創造性が生じる。まさに、創造行為は至高の快感とペアである。

おわりに

統合失調症がなぜ生ずるかに言及したとき、情動、感情（urge＝アージ）に野生環境におけるレベルと、文明環境におけるレベルのあることに触れて問題を解明した。デカルトの合理的思考を中心とした西欧思想では、情動、感情を非合理的なものと見做すそれらに対する偏見がある。東洋でも事情は似たり寄ったりで「感情に流されるな」の警句ともいえる見方がある。これらの偏見や警句には一理はある。それは何か重大な局面でアージ強度が極端に上がった場合（よく頭が真っ白になったと言う）、文明環境レベルの複雑で洗練されたアージが起動されれば問題は起こらないのであるが、時として野生環境レベルの「今ここ」状態のアージが起動すると、とんでもない愚行を犯してしまうケースがあるからである。なぜこのようになるかというと、人間は感情を合理的理性や意思でコントロールすることはできず、スピノザやジェームズも言っているように、ある感情を直接制御できるのは他の感情だけだからである。

だが、感情をこのような否定的側面だけで評価していいものであろうか。なぜなら、パスカルも言っているように、私たちの合理的な理性は、感情の持っている合理性をまったく理解していない、という問題を看過してしまうからである。

感情の持つ合理性の根底には「野生合理性」が存在している。感情には認知システムが関与している。そこで、認知システムがする状況認知とは、まず「状況」の中に現れる対象物に対応するスキーマ（知覚イメージの断片）を割り振り、そうした対象物間の関係もしかるべき関係スキーマで代表させることがひとまず考えられる。そして、この認知システムがしなければならないことの第一は、生き延びるための「予測」である。しかし、この予測のためにはまず、その産出スピードが現実の状況が展開してゆくより早くなくてはならない。次に予測は人間でも動物でもすることができることでなくてはならない。動物でも予測できる。でないと生き延びられない。人間がこの予測に言語的処理をしていたら、対応が遅くなり生き延びられない。

さて、スキーマを使った認知的情報処理に関して、人間と動物では大きな違いがある。人間は「中枢的制御機構」のようなものがあって、その制御のもとに多少なりとも論理的なルールに従って、スキーマの「演算」（いわゆるまじめな思考）をすることができる。これは動物にはできない。しかし、こうしたまじめな思考は遅くて、野生生活で必須の、現実の早い予測を生成するには役に立たない。それならば、動物がスキーマを使って何ができるかというと、中枢制御を必要とせず、スキーマ自身が自律的に予測的処理をするということである。そこでのそのイメージは静的なイメージではなく、動的に、自律的に変化するイメージである。こういう動的な性質を持ったスキーマを「ダイナミックスキーマ」と呼ぶ。スキーマとは本来、人間のスキーマも含めて、動的、自律的であるがゆえにダイナミックスキーマである。粗製の差はあっても、人間も動物も同じようにダイナミックスキーマを使いながら、現実よりも早く未来を予測して行動ができるのである。

ダマシオは感情の持つ合理性に存在する「野生合理性」の根源を、原自己（proto-self）と言い、これをベースにソマティック・マーカー仮説を提唱し(16)、それを問題解決に向けての推論と最終選択の段階に至る前に、私たちがネガティブな行動をはねつけ、他の選択肢から選択するように仕向ける自動化された信号（スキーマ）と位置づけている。ここに、意識に上がらない身体（有機体）の機能としての論証的認識において果たす重要な役割がある。

この意識に上がらない身体（有機体）の機能の役割の問題は、脳の情動システムに損傷のあるダマシオの患者、エリオットの例が示している。彼の知能指数と論理的な理由づけ能力はまったく正常だったのにもかかわらず、情動が薄弱だったため、何をするのにも時間がかかり、意思決定ができなかったので、他人の世話にならなければならなかった。

このように、私たちの認識活動において情動や感情は非常に大きな役割をはたしている。私はそれを本論文において具体例をあげて示したのであるが、たとえば、私たちは目前の情報を見聞きしてそれに対応するとき、過去の記憶と照合して対処している。その際この判断において、同時に既知感情が伴っていることの重要性に日頃は気づいていない。ところが、大脳損傷患者ではこれらが互いに解離してしまい、記憶を自分のものかどうか確認することができなかっり、既知感幻覚といって記憶イメージ抜きで既知感だけが突出することや、これからどんなことが起こるかをすべてわかっているとする感情突出の予知感幻覚が生じてしまうのである。このことは、日頃の認識においていかに感情が大きな役割を担っているかを示している。

記憶障害の原因が激しい精神的（つまり情動的）ショックによることはよく知られた現象であるが、その回復が強い情動的な体験がきっかけとなっているというように、情動や感情が両者を媒介しているのである。それから、記憶障害の強い患者ほど感情の動きに乏しい。それゆえ、人間の記憶への関わり方においてそれらがいかに重要かを示しているといえる。

私が叙述した、情動、感情の知的、認識的側面への作用を、逐一取り上げて考察することは、これ以上できないが、最後に私たちの認識にとって大切な、カプグラ・シンドロームとコタール・シンドロームについて一言したい。まずカプグラについてであるが、この患者たちは、両親、子供、配偶者、兄弟姉妹などの親しい人を別人だと思ってしまうもので、その原因は脳が一連のエピソードを結びつけるときの、情動、感情を司っている大脳辺縁系からの信号がないことによる（普通の人はこの辺縁系からの信号があるのだが）。つまりこれらの患者には、この信号がないために、時間的継続性のあるカテゴリーが形成できないのである（すなわち、脳が毎回別のカテゴリーをつくってしまうために）。認知心理学においては、トークン（カテゴリー―人、車など）とタイプ（特定の標本―太郎、トヨタなど）を区別する。私たちは通常この区別と統一において物事を認識している。ところが患者たちは、この区別と統一ができず、常にタイプだけを認識し、トークンは認識できないのである。

つぎにコタールについてであるが、カプグラは顔を認識する領域だけが扁桃体などとの連絡を絶たれたが、この場合はすべての感覚領域が大脳辺縁系と連絡が取れなくなったケースである。そのため、外界のどんな刺激に対してもまったく反応が起こらず、患者は自分は死んでいると断言したり、腐敗した肉の臭いがするなどと言い張ってしまうのである。すなわち、彼らは死の体験に近い情動のタイプのみの認識に追いやられてしまうのである。

　以上のように、認識において情動や感情が大きな役割をはたしているのであるが、この観点をこれまでの（マルクス主義の）認識論は看過したのである。この看過は哲学だけに限定されていない。経済学や政治学等の分野においても、またしかりと、考えられる。情動や感情は、意識ではコントロールされない問題を含んでいる。さすれば、哲学、経済学、政治学等がこのコントロールされない問題（無意識）を視野に入れていないとすれば(17)、それは現実の生きた人間や社会を捉えていないことであり、それらの学問はいくら分析が鋭く、精緻であっても、現実には通用しない（あるいは、片手落ち）といえるのではないであろうか。

参考文献および注

NHKサイエンススペシャル　驚異の小宇宙・人体II『脳と心』第二・三・四・別巻　日本放送出版協会
立花　隆『脳を究める』朝日新聞社
立花　隆『サル学の現在』平凡社
大木幸介『感情はいかにつくられるか』講談社現代新書
大木幸介『脳から心を読む』講談社

大木幸介『脳がここまでわかってきた』光文社
大木幸介『心がここまでわかってきた』光文社
フロイド・E・ブルーム他『脳の探検』上・下巻　講談社
新井康允『ここまでわかった！　女の脳・男の脳』講談社
山元大輔『脳と記憶の謎』講談社現代新書
マーク・ソームズ、オリバー・ターンブル『脳と心的世界』星和書店
山鳥　重『脳からみた心』NHKブックス
V・S・ラマチャンドラン、サンドラ・ブレイクスリー『脳の中の幽霊』角川書店
計見一雄『脳と人間』三五館
戸田正直『感情：人を動かしている適応プログラム』コレクション認知科学⑨　東京大学出版会

（1）　前頭葉のすぐ後に、大脳基底核の一つである尾状核という大きな尻尾状の脳があり、その間の場所は中融核といわれ、大脳辺縁系の脳はほとんどここの縁部に集まっている。そこにはまず中融核、その下に側坐核、もっと下に扁桃体がある。さらに帯状の海馬、帯状回と臭結節などの脳がある。
　以上のことから側坐核は、その位置や神経配線から推測されるように、前頭葉の直後の「焦点」といえる場所にある。そのため欧米では、側坐核は前頭葉と他の脳をつなぐ「インターフェイス」と言われる。

（2）　「恐怖条件づけ」ということがある。これは恐怖体験を記憶していて、以後怖い思いをしたときに似た状況を回避するという現象である。本来は恐怖を呼び起こすことのない物事が、たまたま起こった恐ろし

い事件と場所的、時間的に重なったため、その物事だけで怖くなってしまうことである。

ラットに恐怖条件づけをしてから（箱に入れてブザーを鳴らして電気ショックをあたえる）、海馬を破壊すると、箱に入れただけで恐怖反応が起こるが、ブザー音には反応が起こらなかったという。だが扁桃体を破壊すると、海馬があろうがなかろうが、恐怖条件づけがまるごと失われてしまう。このことは、扁桃体こそが恐怖条件反応を引き起こす脳の中枢であり、海馬はその扁桃体に記憶すべき空間（場所）情報を提供しているにすぎないということになる。しかし、恐怖条件づけに必要な情報を扁桃体に送っているのは、海馬だけでなく、大脳皮質聴覚野も関与している。

ウサギに二種類の音を聞かせ、そのうち一方だけを、電気ショックと組み合わせて条件づけした。この場合、ショックと組み合わせられた音はもちろん、何の害もないはずの音にも、ウサギはまったく同じように恐怖反応を示したという。聴覚野は、「どの音が危ないか」という情報を扁桃体にあたえているということになる。

人間に、情動記憶（潜在記憶）と陳述記憶（顕在記憶）とがある。ラリー・カーヒルらは、Urbach-Wiethe（ウルバッハ・ビーテ）症候群の患者で両側の扁桃体だけを失ったB・Pさんの症例を報告している。彼らは情動反応を調べるために、B・Pさんにナレーション付きのスライドを見せた。ある少年が母親といっしょに職場の父を訪ねる途中で交通事故に遭うというもので、その事件で重傷を負う場面は生々しく映し出されている。一週間後、ストーリーの細部をどこまで記憶しているかテストした。健常な人の場合、ショッキングな場面はそれ以外のシーンに比べてはるかによく覚えていた。B・Pさんも事故の場面以前の部分については、普通の人と同程度に記憶していた。ところが、エモーショナルな記憶が強く残るという傾向はまるで認められなかった。一方、スライドを見せた直後に印象を聞くと、彼も普通の人と同じようにショックを受けている。

以上の結果は何を示しているか。まず出来事の記憶―陳述記憶はしっかりと保たれている。第二に扁桃体が無くなっても情動反応はまだ起こるが（たぶん大脳皮質がある程度それを代行するためだろう）、情動記憶の保持は致命的といってもいいほど失われてしまうことである。

（3）　自閉症とは、アメリカの精神医学会の基準によると、①相互的対人交渉の質的欠陥、②言語、非言語コミュニケーション、創造的活動の質的欠陥、③活動や興味の範囲のいちじるしい狭まり、である。この原因はまだ解明されていないが、現在の学説では胎児期に何らかの異常が脳細胞の中に起こり（遺伝的要因もある）、それが原因で通常のコミュニケーションがとりにくくなっていると考えられている。

トーマス・ケンパー博士とマーガレット・バウマン博士（アメリカ、ボストン市民病院）が、事故で亡くなった九歳から二九歳までの自閉症患者の脳を解剖したところ、大脳辺縁系の海馬のCA-1からCA-4、海馬支脚にいたる箇所がほぼ全滅。そして扁桃体のほとんど全域にわたって細胞の萎縮と凝集化が見られたという。このことはまさに、大脳辺縁系は情動の座ばかりではなく、かなり知的な面にまでも影響力を持っていることを裏づけている。

自閉症の問題について次のようなことが判明した。脳にはパニック、あるいは分離-苦痛システムというものがある。このシステムを支配している神経化学は内因性オピオイドである。動物においてこのシステムを刺激すると、苦痛に満ちた発声や、親や群れと離れてしまったときの鳴き声が生じる。人間では、パニック発作が突然始まったり、臨床的なうつ状態までも見られる。

そこで自閉症の問題であるが、このオピオイドシステムの活性が亢進しているのである。そのため、そのような子供は他の子供よりも分離の「痛み」をはるかに少ししか経験せず、結果として養育者や他の人とあまり結びつかないのである。それゆえ、オピオイドチャンネルを遮断するような薬物は、自閉症のケースでより積極的な社会的やり取りを生み出すきっかけの可能性がある。

(4) 発作が起こると、ある患者は「散歩していると、急に目に入るものが以前に一度見たことがあるもののように思えてくることがあります」という経験をし、またある患者は「たとえば、そのストーブ囲いを見るとします。それが急に前にも見たことがあるように思われてくるときがあるのです」と訴えている。すなわち、現在の経験があたかもすでに一度経験したことのあるような、なつかしさの感覚で経験されるのである。このような回想感情は外的知覚に対してだけでなく、自分の行為そのものに対しても起こる。「今やっているのと同じことを前にもやったことがあるように思うのです。今と同じ状態に何年も前にもいたような気にするのです」（山鳥重『脳からみた心』〈NHKブックス〉、一六六～七ページ。）

(5) 前掲書、一六八ページ。

(6) P・Sさんの右半球と左半球に、タキストコープ（光刺激の瞬間露出器）で同時に異なる刺激をあたえ（画面右に鶏の爪、左に雪）、それぞれの手で呈示された刺激にマッチする絵を選ばせると、その反応は各半球にあたえた刺激とよく対応する（鳥の爪は左半球でとらえて、右手で鳥の絵を選ぶ。雪は右半球でとらえられ、左手でシャベルを選ぶ）。しかし、左半球がなぜ選んだかを言葉で説明すると、右半球の見たものが何であるかわからないにもかかわらず、必ず右半球の選択に対する理由も説明する。「何を見たの？」と聞くと、彼は「鳥の爪を見て、鶏を選びました。そして、あなたはシャベルで鶏小屋を掃除しなければなりません」と言った（フロイド・E・ブルーム他著『脳の探検』〈講談社〉下巻、一九〇～一ページ）。

(7) 前掲書、一九二ページ。

（8）　薬の効果について正しい情報をあたえられた被験者は、くすくす笑ったりして多幸的振舞いをした「おとり」や、また非常にいらいらして、威張っており、被験者たちが怒って部屋を出て行ってしまうまで、怒りまくった「おとり」の影響をあまり受けなかった。しかし、間違った情報をあたえられた者や、そうなるだろうと伝えられたことと異なる生理的反応を示した者は、二人の「おとり」の影響をもっとも強く受けた。

（9）　先に記憶の自己確認を裏づけるものは、記憶の内容よりもそれに随伴している感情ではないか、ということを述べた。まさにカプグラ・シンドロームは、このことを逆の面から裏づけている、と言える。

（10）　久保田競を中心とした前頭葉の遅延反応の実験――右か左かのランプを一瞬間だけつけ、その四秒後にサルが握っているハンドルを四秒前にランプがついた方向にまわさせ、視覚刺激の空間配置の短期記憶を見るもの。その結果、遅延反応に関係するニューロンは、ランプがついたときに反応するニューロン、遅延時間の間反応し続けるニューロン、ハンドルをまわすとき反応するニューロンなどがあるが、その違った種類のニューロンのいずれに対しても、ドーパミンの増強作用が認められた。

（11）　これらの二箇所の快感は、セックスのオルガスムスの快感と同じだということが、性科学の研究からも確められている。

（12）　サルの舌にフルーツジュースを一滴落とすと、その線条体のニューロンは急激に発火した。しかし、今度はジュースをあたえる前に、快でも不快でもない電球を灯すと、線条体ニューロンはジュースには反応しなくなり、電球の明かりに反応するようになった。このことはつまり、何か新しいことの前触れとなる出来事に反応したことを意味する。

（13）　二五人もの被験者（仰向けに寝た）の舌に、飲み物の名前は明かさずに、何の前触れもなく、甘いクールエイドと水を「交互に」ぽとぽとと落とした。スキャニングの結果は、彼らの線条体はクールエイドでも水でもクリスマスツリーのように光ったが、それはどちらの液体がいつ流れてくるか予測できないことに限られていた。面白いことに、液体とそのタイミングは予測できるときと、できないときがある、と気づいた人はひとりもいなかった。

(14) もちろん、A10神経の他の部分、また一般の神経には、シナプス間隙に放出された神経伝達物質が再結合するオートレセプターがあって、伝達物質の分泌量は正確、厳密に調整されている。これが負のフィードバック・システムと呼ばれる人体内の調節機構であり、それが欠けることは人体にとって破壊的な現象である。しかし、前頭葉とその近傍にはその破壊的なことが起こっているのである。

(15) ただし、GABA神経抑制装置のネジを緩めすぎると、ドーパミンの異常放出が生じ、これが統合失調症の原因になるという仮説もある。それゆえ、天才と狂気は紙一重なのである。

(16) ソマティックはギリシア語の「身体」を意味するsomaに由来し、その感情の一つのイメージをマーク（mark）するので、マーカー（marker）とした、とダマシオは述べている。また彼は、ソマティック・マーカーは内臓感覚（visceral sensation）と非内臓感覚（nonvisceral sensation）から成る、としている。

(17) 例えば、経済学の分野で言えば、カーネマンらが創始した「行動経済学」の問題を、すなわち人間は「損得」の問題に関し意思決定をする場合、往々にして経済的合理性に従ってではなく、無意識的な、情緒や感情で判断しているという側面を看過している、ということである（カーネマンの考えについては、第二部、第三章でも若干言及している）。このように行動経済学は情緒や感情の役割を重視するのであるから、したがって、それは脳科学が明らかにする人間の脳活動の仕組みと結びつき、ここに神経経済学が誕生し、「経済的行動」をその側面からも解明する領域が開かれているのである。

この行動経済学（ならびに神経経済学）が明らかにした問題は、経済の領域に限らず、政治の領域等（社会学やコマーシャリズムなど）にも該当する問題でもある。

第四章　現代唯物論試論──認識・表現における人間の生得的、無意識的側面の役割

はじめに

近代哲学はイギリス経験論と大陸合理論を車の両輪として出発した。前者はロックのタブラ・ラサに代表されるように、人間の認識は白紙の状態から経験（感性的なもの）によって獲得されるとした。後者は感性的認識は私たちの認識を惑わすもので、合理的認識は先天的に私たちにあたえられている理性によって達成されるとした。

カントの批判哲学は、感性的認識に立脚しつつも、それを確かなものにするためには悟性（先天的にあたえられている思惟形式）に依拠しなければならないと主張して、両者の統一をはかろうとした。だが彼は、この悟性的認識以外を形而上学として斥けたため、物自体の理性的認識を不可能にしてしまっ

た。しかし、彼は『判断力批判』で、自己の哲学体系の矛盾の解決として「直観的悟性」に基づく美的カテゴリーを仮説的に提起した。

　ドイツ古典哲学における悟性的認識から理性的認識への移行は、このカントの美的カテゴリーを現実的人間の思考とした、シラーおよびシェリングによって遂行された。ところがシェリングにあっては、それが直観的レベルに止まったため、理性的・弁証法的論理の形成にいたらず、論理展開としては形式論理学から一歩も出ることができなかったのである。それは、彼が悟性的認識から理性的（弁証法的）認識への移行において、前者のモメントを否定してしまったためである。この移行において悟性的認識のモメントを否定せず、弁証法的論理を形成したのはヘーゲルである。だが、彼の弁証法は概念至上主義の弁証法であった。そのため、感性的認識は理性に従属するものとなってしまったのである。

　マルクスは近代哲学を（直接的にはイギリス経験論を）分析して、「感覚はそのはなやかさを失い、幾何学者の抽象的感覚になる(1)」（傍点―マルクス）と述べているように、感性と理性のアンチノミーに陥っていることを鋭く洞察、批判し、ヘーゲルの概念弁証法を唯物論的に顛倒させて、新しい唯物論（弁証法的唯物論）を創出した。

　マルクスの新しい唯物論は、『経済学批判』への序文で要約されているように、感性的に具体的なものから・抽象的なものを介する・思考における具体的なものへの運動として、人間の認識過程を捉えたことにある。ここでの抽象的なものとは「充実した表象が蒸発させられた」ものであり、思考における具体的なものとは「抽象的な諸規定が、思考の道を通って、具体的なものの再生産」となるもの(2)、つまり「充実した表象」の否定の否定である。また、彼はこれを補足して、「具体的なものの再生産」とは、「直観や表象の外または上にあって思考し自分自身を生みだす概念の産物ではなく、直観や表象の概念への加工の産物である」ことを強調している(3)。すなわち、マルクスにあっては認識活動やその過程は、生き生きとした直観や表象と概念との絶えざる交互作用にあるものとして把握されているのである。

マルクスが（エンゲルスとともに）この新しい唯物論に立脚して共産主義運動を遂行しようとしたとき、そこに立ちはだかっていたのは、近代の哲学者、社会思想家、経済学者、それに彼ら以外の種々の社会主義者たちの人間本性論、しかもロビンソン・クルーソー的（孤立した）社会状態に基づく主張であった。それゆえ彼らは、これらの主張に対置して人間本性の社会的、歴史的側面を強調せざるを得なかったのである。だが、この側面の強調は他面人間の本性には永続的な属性はないとする結果となってしまった。その見解を若干提示してみよう。

「人間性は個人に内在する抽象物ではおよそない。その現実性においてそれは社会的諸関係の総体である(4)」

「環境は、人間が環境をつくるのと同様に、人間をつくる(5)」

「歴史のすべては人間の本性の不断の変化にほかならない(6)」

マルクス、エンゲルスが人間の本性とその社会的、歴史的側面とを「対立」させてしまったのは、人間の生得的側面と社会的、歴史的側面とがマッチングすることを可能にするような諸科学の発達が当時はまだ誕生していなかったからである。マルクスの後継者たちが、今日見られるような諸科学の発達――人類学、民族学、進化生物学、進化心理学、脳科学、遺伝子研究、言語生得説、精神分析学、胎児や幼児の研究など――をふまえて、マルクスの唯物論を発展させていたなら、このような問題は克服されていたであろう。私はこの小論で、遅ればせながらこの課題に答えようとするものである。

一　人間本性の生得的側面

（一）　脳の可塑性

まず、人間の生得的な側面の大筋としては、サルから何百年もの進化の過程を経て人間の脳が形成され、その脳が知ることや学ぶことなどの心的プロセスを惹起し、その心的プロセスが文化を構成する価値観や知識の獲得を引き起こし、それが脳に影響をあたえることは、誰しもが納得できるであろう。

これまで生得的なものというと、決定論的なニュアンスが私たちの脳裏の大半を占拠してしまうのであるが、これは生得的な能力と学習が、あるいは遺伝と環境が「関係」としてではなく、二者択一的にあつかわれてしまうからである。

この二者択一を克服するのは、脳の可塑性の問題である。このことで最も特筆すべき出来事は、イギリスのある大学生が数学で賞をとり、しかもＩＱ（知能指数）は一二八で、まったく普通の社会生活を送っていたのであるが、この学生の脳をＣＴスキャンで調べたところ、何と大脳皮質がほとんどなかったのである（正常な人の脳の一〇パーセントしか）。その原因は、子供のころ水頭症という脳室に脳脊髄液がたまる病気にかかったためである。もちろん、大人が突然このような状態になったら生きてはいられない。しかし、子供のときから徐々に大脳皮質が欠けていった結果、それ以外の脳や小脳などがその欠損部分を補ったのである。つまりこの例は、脳には環境への対応において驚くべき柔軟性があって、大きな部分がごっそり消失しても残りの部分が新しい機能を獲得するという性質があるということである。

今、水頭症にかかったのは子供のときのことで、大人であったら生きられないことを述べた。これは臨界期の問題と関係している。臨界期の問題を解明するためには、よく動物の片目だけを塞いでことを検証する実験がある。片目を塞ぐと弱視になる。この視力の損失は大脳皮質の細胞の損失と一致する。こうした状態で両目が開かれても、不均衡はそのままで、開いていた目の成長につれて塞がれた目の領域は侵食される。この悪循環を断つためには、開いていた目をしばらくの間塞ぐしかないのであるが、ただし臨界期を過ぎるとうまくいかない。対象となったサルで刺激剥奪が弱視につながる臨界期は二歳、これはヒトでは八歳に当たるという。

では、臨界期を過ぎると脳の可塑性は無くなるのかというと、そうではない。今述べた視力の臨界期の問題でも、期間の設定自体にも柔軟性があることが発見されたのだ。暗いところにいると、臨界期自体が延びる。暗闇で刺激剥奪して育てた動物実験からわかったことだ。

第二に、先天性の白内障手術は現在では主に乳児の段階で行っているが、この手術が普及した一九六〇年代当時は、大人になってからの手術が多かったようだ。患者たちの大きな希望とは裏腹に、目が機能したとしても、光という感覚を受け取ったとしても、それが即世界を見るということには繋がらない。しかし、手術直後に見える世界が限定されたものであったとしても、訓練を積むことによって脳の視覚機能が改善されることがわかっている。

第三に、知覚心理学者のG・M・ストラットンによる、上下左右を逆転するメガネをかけた実験（数日間、二回目は八日間）の問題がある。私たちも道路にあるミラーを見ると一瞬左右を間違えたりするが、これは左右どころか上下も逆転している。そのすさまじさたるや、二時間以内にへたり込み、食べ物を吐いてしまうくらいである。上下逆転はそれだけに止まらない。上を見上げると、天井の「向こう側」と「こちら側」が逆転して見える。下を向くと、自分の姿が「向こう側」に、そして「こちら向き」に見える。完全な体の分裂だ。このような状態で何気なく立小便をしたところ、オシッコが自分に向かって飛んでくる。しかし何日か経つと、いつの間にか「正立」の印象が戻ったという。この「慣れ」が脳の可塑性の問題である（ちなみに、このメガネをはずしたところ、再び視野の激しい動揺が起こり、それは数時間続いたという)。

第四に、脳卒中(脳梗塞、脳出血、くも膜下出血)は相対的に高齢者に多い疾病であるが、これによって脳にダメージを受けても、リハビリテーションによって脳に新しい神経回路(従来の回路に代替する)ができ、それからまた従来の回路が「復活」したりして、手足の麻痺や言語障害などが回復するのである(機能回復に程度の差はあるものの)。このことは、神経生理学者のランドルフ・J・ヌードのリスザルを使った実験で実証されたことで、これも脳の可塑性の性質である。

それから、人間の神経細胞の数は生まれたときが一番多いが、二歳ぐらいまでに七割が消えてなくなり、その後は一生の間ほとんど変わらないと、これまで言われてきた。しかし、最近の研究では、成人の脳でもニューロンは実際に分裂しその過程で新しいニューロンがつくられることが確認されている。特に心身に刺激が加えられるとこの傾向が一層促進されることはいうまでもない(実際、刺激の多い環境でのネズミは、そうでないネズミに比べ、海馬の歯状回の大きさが二〇パーセントも違うという結果が出た。また、海馬の細胞の増殖速度が二倍くらい高かった)。これは脳のたえざる可塑性ということである。

以上、脳の可塑性についていろいろ論じてきたが、それらからまとめて言えることは、脳は状況に応じて絶えず学習するシステムであるということである。

（二）胎児、新生児の認知能力

新生児は、経験論者が言ったように、白紙の状態で生まれてくるのではない。では、何を持って生まれてくるのか。それは後成的プログラムを持ってであり、それは悠久の時間をかけて進化してきた、太古の祖先が経験した環境の一般型に対応したものである。これらのプログラムが絶え間なく環境と相乗的相互作用をすることによって、心や人格が形成され、発達するのである。

胎生期の脊椎動物の脳が、感覚系が外界と繋がるよりも前に、神経活動を自然発生させ、この自己発生した神経活動によって胎児の脳はその配線を微調整できる。つまり、脳が外界から学習することを可能とする同じメカニズムを胎内ですでに形成・展開しているのだ。

妊婦が緊張し、不安になると、ホルモンを分泌して対応していくが、その流れを調節するのが副腎皮質刺激ホルモン（ＡＣＴＨ）である。このホルモンは当然胎児に影響する。しかもこれは記憶能力に関係している。妊婦が何かに驚いたとき、大量のホルモンが胎児に流れる。その結果、胎児に記憶がはっきりと焼きつけられるようになるのだ。実際、子宮の中にいた記憶があるという人の報告や、それから出生時のことであるが、ゲーテや三島由紀夫のように産湯の記憶も報告されている。

以上の報告はともかく、赤ん坊はまだ子宮の中にいるときでさえ学習することができる、という研究がある。心理学者のアンソニー・デキャスパーとメラニー・スペンスは妊婦に、妊娠第三期（最後の三カ月間）の間、ドクター・スースの『キャット・イン・ザ・ハット』か、ナンシー&エリック・ガーニーの『王様とネズミとチーズ』の一部を朗読するように頼んだ。出生後わずか一日か二日後にテストすると、前者にさらされた乳児はそれを好み、後者を聞いた乳児はそれを好んだ（母親以外の人が朗読したときでも）。これはもちろん、それらのお話を「理解」したという意味ではなく、語の特徴的なリズムを「捉える」ということである。それから、妊娠第三期の胎児が「メリーさんの羊」のメロディーがわかったとか、その他の音楽に聞き覚えがあったとかの研究もある。

つぎに、新生児の認知能力にはどのようなものがあるであろうか。まず、選好注視——感覚的な刺激同士の間の違いを識別し、一方よりも他方を選んで注視する一貫した反応——の現象がある。赤ちゃんは灰色無地より縞模様を、単純な図形より顔のような複雑な図形を、色なしより色つきのパターンを、平面図形より立体図形を、静止しているものより運動、点滅しているものの方を選り好みする。また、生まれたての赤ちゃんでさえ、音のした方をふり返って見ようとすることもよく知られている。

物を見た経験がほとんどないはずの新生児が、このような選考注視を示すことは何を意味するのだろうか。視覚皮質を切り取られた動物では、パターンの知覚が完全に損なわれる。脳溢血や脳腫瘍によるヒトの大脳損傷例でも、だいたい同じような欠陥が見られる。このようなことから、生まれたばかりの赤ちゃんの視覚にはすでに大脳皮質の働きが関与していることを示している。赤ちゃんの大脳は生まれおちたときから、生き延びるための精一杯の働きをしているのだ。

第二に二カ月児には、触ったときに感じられる物の形を目で見たときの物の形に関係づける能力が備わっている（この二つ以上の未分化な感覚を共感覚といい、成長するにつれて次第に触覚なら触覚、視覚なら視覚へと分化していくのであるが）。

第三に、四、五カ月児は感覚同士の出来事の時間の同時性とずれを識別できる(7)。この識別で赤ちゃんは、同時性（の映像）を好んで注目することがわかった。この能力は時間に関するもので、空間に関するものではないが、空間について学ぶための大切な基礎となるものと考えられる。

さらに、赤ちゃんは光の強さを音の強さに置き換えたり、音の数やリズムと、見せられた図形の個数やリズムとを比較できるとする研究もある（第三と同じくスペルキィらの）。

このような研究には、結果の解釈に疑問の余地があり、十分に確認された事実とは言えないものもあるが、一般的にみて赤ちゃんには、少なくとも生後数カ月ごろからすでに感覚の間の区別を乗り越えて、事象そのものの特徴をつかむような能力をかなり持っている、と考えていいだろう。

赤ちゃんは六カ月前後を境にして、これまで叙述してきたような、生まれつきの反射行動のかたまりのような存在から、外の世界とほんとうの意味での交流をはじめ、学ぶことによって心と脳の発達が質的な転回をしだす時期へと変貌する。そしてこの時期が、外の世界が奥行きのある空間として見え始め、物が自分とは独立した「永遠するもの」として認識され始め、さらにお母さんや大人を自分とは別の存在として認めるようになる時期と重なっていることは、決して偶然ではない。

今述べたことを、別の言葉で補足すれば、厳密な意味で、赤ちゃんは生まれつき心を持っているとは言えないが、「心」という大きな全体に先立つ、少し違った全体的な機能を持って生まれてくるのだ。それは心の発生にとって欠くことのできない前提なのである。

(三)　人間一般の生得的認知能力

まず最も簡単なことから言うと、錯覚（錯視）はなぜ生じるのか。それは眼前にある三次元の情報が目のレンズを通して網膜に映されると二次元に次元が減ずるのだが、それを脳が無意識に三次元化しようとするためである。つぎに、眼球内の網膜には穴がある。これは視神経が集まって束になっている部分で、これが盲点だ。だが、この見えない部分に日ごろ私たちは気づかない。これは脳が無意識に補完しているためだ。

一秒間に何コマの静止画（フレーム）が入っているかということを、ビデオレート（フレーム）という。ビデオやテレビのレートは一秒間に三〇コマだ（一画像約三三ミリメートル秒）。たぶんこれは人間の識別能力、つまり人間の目の時間解像度の限界を根拠につくっていると言える。人間の脳にとっての時間は決して連続した物理量ではなく、数十ミリメートル秒おきにコマ送り、つまり量子的（飛び飛びの値をとる）になっている。それが無意識の作用でスムースに繋がって見えるだけなのである。先ほどの錯覚（錯視）のケースもそうである。

この時間の話と関連しているが、目の前の事態を把握するにはどうしても時間差がある。今、私たちの意識が「赤いリンゴが転がっている」と認識したとしよう。ところが、一番先に気づくのは色（赤）で（色の処理は素速いので）、つぎが形（リンゴ）、最後が動き（転がっている）だ。色に気づいてから動きまで七〇ミリメートル秒ぐらいかかる。したがって、人間は同時にすべてのものを把握することができないので、「赤いリンゴが転がっている」というように錯覚（傍点―筆者）しているだけかも知れない。

文字を読んだり、人の話した言葉を理解したりとなると、より高度な機能がかかわってくるし、さらにもっと処理に時間がかかる。このような情報処理には〇・一秒、通常〇・五秒くらいかかると言われている。

つまり、以上のことをまとめて言えば、私たちは時間差のある情報を処理しており、その中で「過去」と現在を「同一視」している。これが生得的無意識のなせる業だ。

次に、右脳の第一次視覚野に障害の起こった人は左側が見えない。だが実験で、左側に光を出してどこが光ったかをあえて問うと、見えないはずなのに（盲視なのに）光った場所を言い当てることができる。それだけではない。建物に中心点の入った二つの図を見せる。まず通常の図、つぎに左側半分が壊れた図。それぞれ建物の中心点を見てもらうと、患者には右の視界しか見えないからこれらの建物は同じに見える。しかし、どちらの建物に住みたくないかとあえて問うと、壊れた建物をさす。さらにこの患者は、驚くべきことに、字も書けないし、読めもしないのに正解を選ぶことができる。

これはいったいどうしてか。目の情報を処理するのは第一次視覚野だけでなく、視神経は視床で乗り換えられ、そこから枝分かれして脳の真ん中にある上丘に情報が運ばれている。そこを使って見ているのだ。上丘で見ているものは意識上には絶対現れない。字が読めるほどその機能は発達してもいない（なのに正解できる）。この上丘の機能は動物的な反射のレベルだが、ただ先の建物の判断でいえば、どっちに住みたいかは好み、感情による判断で、ここら辺が一つのヒントになりそうだ。

ちなみに、上丘は処理の仕方が原始的で単純だから、判断が速くて正確だ。野球で打者が投手の一五〇キロメートルのボールを打ち返すのは、これによる判断だ。最初に述べた錯覚（錯視）のことでいえば、たとえば長さが違って見える線を摘もうとすると、正確に指を広げることができるのも、この上丘に関係していそうだ。

色を感じる細胞は網膜のごく中心に近い箇所で密度が最も高く、周辺に行くと密度が下がるどころか、完全にゼロになる。それゆえ、視野の中心部のごく狭い範囲でしか色が見えてなく、それ以外の場所は白黒だ。色が隅々まで見えていると思うのは、盲点の補完と同様、脳が埋め込んでいるのだ。

錯覚（錯視）、盲点、時間の埋め込み、色づけ。これらは「私」が意図的にやっているのではなく、すべて「脳」が行っている。

一般的には、情動（emotion）とは意識に上がらない脳内過程で、感情（feeling）とは意識に上がる感情の感覚をさす。しかしながら、この意識に上がる感情の感覚は英語のawarenessとかconsciousnessに近く、あえて日本語でいえば「覚醒感覚」だが、感覚としてそういう気持ちになるだけで、その本体は無意識、コントロールできないものなのである。つまり、クオリア（ラテン語）だ。クオリアとは英語のqualityの語源になっている言葉で、物質の「質」という意味での実体をさす言葉ではなく、「もの」の本質に存在するような質感の「質」で、生々しい感覚のことを言う。たとえば、喜怒哀楽は意識でコントロールしようとしても無理で、脳がそう解釈し、「私」に指示しているからどうしようもない。マーラーのシンフォニーを聴いたり、ダ・ヴィンチのモナ・リザを見て、えもいわれぬ感動を覚えるのも、明らかに直接言語化できないもので、「意識」の定義に反している。

人間の行動の中で意識してやっていることは意外と少なくて、少し前に言った、見るという行為にしても、情動、クオリアという行為にしても無意識なのである。

そこで最後に、人間の意識的行為に関して一言、二言。話し言葉には一秒間にだいたい二文字から五文字入っているらしい。これをいちいち次は「あ」と言おう、その次は「い」と言おうと考えていたら、すらすらしゃべれるはずがない。言葉は人間の意思の典型的な例だが、必ずしもすべてが意識でコントロールされているわけではなく、むしろ反射に近い部分もある。したがって、人間にとって最も高度な象徴機能を生み出す泉である言葉ですら、その多くの部分は意識的ではないのではないか、と考えられる。

B・リベが一九八五年に書いた「無意識的脳のイニシアチブと自由意思の行為における意識的意思の役割」という論文がある。この論文を実験的に検証すると、「好きなときにボタンを押してください」と言って、被験者のボタンを押そうとしているときの脳波をモニターしながら脳の活動を調べると、運動前野が動き始めて、それから一秒ほども経ってから「動かそう」という意識が現れるのである。つまり、意識以前に無意識がスタートしているのである（しかも「好きなときにボタンを押して」と言ったにもかかわらず）。

幻視とは一般的には夢、幻のことであるが、ここで取り上げる幻視は、脳梗塞によって片方が見えなくなった人の目（半盲視野）に生じたものである。この種の幻視を詳細に分析して、ランスは興味深い仮説を引き出した。すなわち、幻はその人の視覚記憶そのものが出てきているのではなく、視覚記憶に送り込むための中途処理段階のものが出てきていると。視覚対象は記憶されるに際して、このような基本的範疇（中途処理段階）にまず分類され、さらにその上で個別的イメージとして貯蔵されるのであろう。その過程で機能しているはずの神経過程が本来の入力過程を絶たれて、そのまま賦活されイメージとして体験される、それがこの幻視である。分類して記憶過程へ送り込まれるための装置だけが、入力なしに空転しているのである。

この言わば言語的に分類して記憶過程へ送り込まれるための装置が、人間の記憶のメカニズムである。下等動物ほど一回覚えた記憶はなかなか消えない。鳥は「写真」のように見たもののすべてを詳細に記憶し反応する。人間の視覚記憶は「写真」のようにではなく（自閉症の人は除いて）、事物に共通する特徴を捉えて記憶する。つまり、脳には事象に対する原型的なもの（プラトンの「イデア」のようなもの）があってそれによって対象を捉えているのである。これが脳の無意識的作用である。

二　認識・表現における人間の生得的、無意識的側面の役割

（一）　進化における喪失と獲得

これまでは、経験を看過したのではないが、主に人間本性の生得的側面（進化による後成的プログラム）にスポットを当てて論じてきた。これからはその側面とともに無意識的、潜在的側面が人間の認識・表現においていかなる役割をはたしているかについて主に論ずることにする。

人間の生得的、無意識的側面の重要性を認識し、それを初めて科学的に解明しようとした人は、フロイトである。フロイトがブロイアーとヒステリーに関する共著を表し、精神分析学の端緒を開いたのが一八九五年、エンゲルス没年である。

彼は人間の生得的本能をイド（エス）とし、これを規制、抑圧するのが超自我（道徳、文化）であり、両者の対立の解決をはかり、社会に適応していく役割が自我であるとした。フロイトがイドを性的本能（リビドー）としたことは一面性を免れないが、人間がこの世に生を受け、文化に規制されながらも自

我の形成によって生得的なものとのバランスをとる、という大筋は、妥当性をもつ観点である。だが、自我形成がうまくいかなければ、文化と生得的なものとの間に葛藤が起こり、場合によっては（葛藤が深刻化すれば）精神病的症状が生じる。

キュビーは、フロイトの文化の問題を言語活動のあり方の問題として捉え、人間のあらゆる知覚表象は自己（身体）の極と非自己（外界）の極をもっているが、これらの知覚表象は言語化される際、非自己の方に重点がおかれ、自己の方は無視されることが多いと言う。すなわち、自己は言語発達の過程で抑圧される傾向にあるとする。その原因は結局、個体の生存にとって外界が重要であることによるのであろう、としている。

神経学者のアントニオ・ダマシオは、キュビーと同様、言語（意識、認識）の問題を進化と結びつけ、私たちは心の一部を衝立《ついたて》として使い、心の別の一部を感知しないよう隠蔽しているとし、この衝立が最も効果的に隠しているものの一つは私たちの身体であり、その結果、命の流れである身体の内部状態を部分的に心から排除している、としている。この身体の隠蔽は注意力散漫と表現できなくもないが、それはすぐれて適応的な注意力散漫であり、心的能力を身体の内部状態に集中させるよりも、外界のイメージ、それらの問題の前提、それらの問題の解決オプションや結末に集中させる方が有利である、と言っている（実際、外界の認識は前頭前野の外側が「司っている」が、これは霊長類のみに存在し、他の霊長類に比して人間が最も大きい）。だが、適応は犠牲も伴う。なぜなら自己の本源や本質を私たちが感じ取れなくなってしまうからである。

では、進化によって喪失したものを少し述べてみよう。

人類の絵画の発達史をたどると、旧石器時代のフランスやスペインの洞窟画に見られるように、生き生きとした写実画から始まって新石器時代の幾何学的図式絵へと移行している。だが、子供の絵の発達は幾何学的図式絵から写実画へとたどる。そのとき一般的には、就学前に後者を習得することなどおよそありえない。ところが、イギリスで三歳の自閉症の少女が洞窟画と同様の、生命力にあふれた生き生きとした動物の写実線描画を描いたのだ（しかも遠近法を伴った）。少女には重度の発育遅滞が見られ、六歳になってもまだ言葉を発することができなかった。

進化心理学者のニコラス・ハンフリーは、このことから類推して大胆な仮説を提起している。すなわち、旧石器時代にまだ言語が未発達であった人類は、視覚的記憶能力にすぐれ、あの洞窟画を描くことができたのだと。そして、氷河時代の末期に洞窟画がまったく消滅し、やがて新石器時代が訪れると絵は幾何学的図式様へと変化する。それは言語の「発達」と軌を一にしているのではないかと（自閉症の少女も八歳を過ぎてから集中的な教育を受け、わずかな言語を獲得したとき、以前の絵に比べてそれははるかに簡素なものとなり、細部が書き込まれなくなってしまった）。

ロシアや中国やメキシコでサルのように全身毛で覆われた子供が誕生した報告があるが、これは祖先返りということである。イギリスの少女の場合もこれと関連しているのかも知れないが、一度キャッチしたら忘れない人間の知覚的記憶能力にはどうやらこの「祖先返り」がありそうである。ルリアが『記憶術者の心』で記述している、ロシア人ミスター・Sの事例である。

彼は新聞記者で、ある記者会見の席上メモを取らないので、編集委員がそれをいぶかり問い詰めた。そのときの彼の弁解は、私はメモを取らなくてもすべてを記憶できるから、と言うものであった。実際、彼の記憶力を確かめてみたら、その通りであった。

ルリアがSに種々の記憶テストを試みたが、その記憶力は完璧であった。ルリアが言うには、Sは新生児に見られる共感覚を使って記憶している、と。しかし、彼は驚くほど知能が遅れていた。彼はきわめて単純な概念的構造さえ見逃したし、事物の間の関連性をまったく把握することができなかった。つまり、抽象的概念への性向を皆無とは言わないまでも、ほとんど持っていなかったのである。言わば、記憶力が抽象的思考に代替していたのである（このことは、言語や抽象的思考が未発達であった人類にも該当することではないであろうか）。

Sのこの特性は彼の家族に継承されているように思われる。なぜなら、彼の両親も甥も異常にすぐれた記憶力を持っていたからである（いわば、遺伝的な問題がまったくなくはない）。

このすぐれた記憶力は幼児ではめずらしいものではないが、五歳以上まで持続することはほとんどなく、ましてや成人においては脳の病理に付随して出現すること以外にはありえない。

記憶に関して「神経痕跡説」という仮説がある。この考えによると、出生以前から、そして生まれてこの方経験したすべてのことが脳のどこかに刻み込まれており、それが「忘れられる」のは、キュビーやダマシオの見解に示されたように、後でつくられた「痕跡」によるためなのである。

催眠術については、その利点とともに術者の誘導によって意のままにされるという難点もあるが、しかし、次のような実証性をもつ、術による「退行実験」というものがある。術者の誘導によって時間を「遡行」し始めるのであるが（小さいころの体験にまで）、これによって被験者は当の本人さえふだん思い出せないようなことを報告し、後で家族の証言によって確認されることがざらに起こるという。

精神分析学によれば、このような記憶が母子関係や後の当人の性格に大きな影響を及ぼすということになる。また、ユングの集合的無意識は神秘主義の難点もあるが、このカテゴリーをイギリスの少女やミスター・Sの初期の人類への「祖先返り」に限定すれば、「論拠」があると言える。

（二）　人間は常に自覚的、意識的に行動をしているか

この通常は「忘れられる」記憶と関連することであるが、私たちは覚醒しているときでも、いつも自覚的、意識的に生活しているわけではない。その極端な例をあげると、てんかん性欠神自動症という疾病がある。この欠神発作が起こると、患者は発作前後の記憶（意識）はあるのだが、その最中に意識を完全に喪失する。だがそのとき、その最も極端なものは「てんかん性徘徊」として知られる行動で、患者は建物の外に出て街中を歩きまわるかもしれないのだ。しかもとくにひどい目に遭うこともなく。こ

の行動はなぜ可能なのか。それは、知覚と運動の装置が長い間特定の対象に向けられるのに十分な注意が存在していたであろうし、対象物への感覚的イメージが適切に形成され、そうしたイメージに対して正確に動けるのに必要なレベルの注意が存在したであろう、と考えられる。つまり、私たちも覚醒時意識が連続して働いているのではなく、部分的にはこの患者と同様の、意識を喪失したレベルの注意で行動しているのである。この行動がなぜ可能なのかを説明しよう。

一酸化炭素中毒で無酸素症に陥ったD・Fは、目の前にある物が何であるかを認識することはできないが（物体失認）、手で触ってみればそれが何かを認識することができるし、人の手を借りずに一人で歩きまわることもでき、目の前の障害物もちゃんと跨いで通り越して行く。この失認患者の例から明らかなことは、形や物体の視覚情報が意識から失われてしまっても、行動には使われているということである。その理由は以下のごとくである。

視覚情報はV1で二つに分岐し前頭前野外側で再び合流する。その分岐の一つは腹側視覚路（または、知覚のための視覚路）で形や物体の認識に関わり、他は背側視覚路（または、行為のための視覚）で標的の位置を同定したり、運動行為を起こすときに必要な空間情報の処理を行っている。D・Fは前者の経路に損傷を負ってしまったのである。

以上のことを、別の側面から補足すれば、自転車に初めて乗ろうとすると、最初はこれまでの記憶を含めて、意図的努力をしなければならない（条件反射に際しては）。だが、乗れるようになると、無条件的、無意図的行為に変わる。すなわち、無意識的行為に変わり、意識的行為は部分的なものになる。

ノーベル経済学賞を受賞した行動経済学の創始者カーネマンは、人間が不確実性の存在下で（緊急にあれかこれかを決定しなければならないとき）どのような行動をとるかを実験的、理論的に解析し、その結果が、狭い意味での経済合理性とは必ずしも一致しないことを見出した。すなわち、紙数の都合上結論だけいえば、人間は不確実性の存在下では往々にして意識に上がらない情動や感情の働きによって処理しているということである。

（二）　人間の生物的側面の認知能力

ノーベル医学・生理学賞を受賞した生化学者のエーデルマンは、神経ダーウィニズムに基づく神経細胞淘汰説という仮説を提唱している（それは、発生淘汰、経験淘汰、再入力の三つの原理に基づく）。この説によれば、記憶とは以前に獲得された知覚カテゴリーが、変化を伴いながらも繰り返されることである。記憶とはこのシステムの性質である。このシステムは蒙昧性と可塑性を有しており、記憶とは符号化されてどこかに貯蔵されているものが検索される類のものではない。私たちの記憶とは現在の前後関係や情動によって現在に適合されるように構築される現在であり、現在に適合されるように構築される過去なのである(8)。では、このシステムはいかにして形成されたのかといえば、それは進化と淘汰であり、生物学的適応によるものなのである。これこそ、コンピュータの符号化された記憶とは決定的に異なる点なのである。

フロイトは断片的に存在する記憶が感情と結びついたとき記憶として認識される、ということを述べているが、そもそも神経生理学から出発した彼は、大脳辺縁系における情動と記憶との結びつきが本質的なことに「気づいていた」わけだ（現在では、情動を司る扁桃体が、他の脳部位に記憶を固定化する調節の役割を担っていることがわかっている――第二部、第二章で示したように）。エーデルマンの神経生物学の見地は、それを説明する試みだといえるだろう。

エーデルマンの学説は生物学を基礎とした心理学の確立の企てであり、その点ではダマシオと共通の視点に立っていると言える。ダマシオは、既述したように、後天的な獲得による心の一部の衝立が心の他の一部を隠蔽しており、その隠蔽されたものとは人間の内なる本源的、本質的なものである。それを彼は原自己（proto-self）といっているが、これこそ主に脳幹、大脳辺縁系（情動、感情）と体性感覚皮質の一部によって作動されるものなのである。

彼はこの原自己（感情）をベースにソマティック・マーカー仮説を提唱し(9)、それを問題解決に向けての推論と最終選択のプロセスをはじめる前に、私たちがネガティブな行動を即刻はねつけ、他の選択肢から選択するように仕向ける自動化された信号と位置づけている。ここに、意識に上がらない身体（有機体）の機能としての論証的認識においてはたす役割が設定されている(10)。

このダマシオの見解は、エーデルマンと同様、認識における人間の生物としての側面の役割を提起したものである。このことについては、ノーベル化学賞を受賞した福井謙一も、私がこのような学問の道に進むことができたのは、一言でいえば、「泥んこ遊び」のせいである。つまり、子供のころ自然と触れ合うことが好きで、その体験を通じて自然のこの上ない奥深さや美しさを生の体験として感受できたからであるとして、人間の生物としての側面の感覚の大切さを述べている。

それではことのついでに、人間の生物学への「生得的能力」に簡単に触れてみよう。まず「石器時代」の暮らしをしている狩猟採集民は、すぐれた植物学者、動物学者である。なぜなら彼らは、動植物への正確な知識なしには生存できないからである（科学技術を独占しようとしている国家は、彼らから知的財産を奪っている）。

人類学者のブレンド・バーリンとスコット・アトランは、動植物の民間分類をくわしく調査した。その結果、自分たちの生活環境に存在する動植物の民間分類は、リンネ式分類法（種、属、科、目、綱、門、界）の属に普遍的に相当することがわかった。それだけではない。種にも整合することが多いし、その分類の大半は綱に相当していた。そして民間分類も、生物学的分類と同様、厳格にピラミッド型を守っているのである。

第三に、一歳に満たない赤ん坊でも生物と無生物を区別することができるし、子供が幼稚園へ行くころには、生きものが隠れた本質を持つ複数の種類に分かれることを理解できるようになっていることが、実験的にわかっている。

(四) 創造のプロセス

これまで人間の生得的、無意識的側面の認識・表現における役割について、精神分析的、あるいは生物学的解明をも含めて述べてきた。

私はこれまでも、認識における美的反映、あるいは情動や感情の役割について言及してきた。私がなぜこのような問題を解明しようとしてきたのかというと、人間が認識・表現上の創造的行為を遂行する場合、芸術はむろんであるが科学においても、論証的推論だけではそれを為すことができず、非論証的なもの、すなわち情動や感情の媒介なしにはそれは不可能であると思ったからである。

この認識・表現上の問題を解明しようとするとき、芸術は直観、感情、科学は論理、論証と単純に区別して対立させ、両者の間に超え難いアンチノミーを設定する人がいる。芸術の理解において、科学的認識を芸術から完全に排除する人と、かつてのソ連の美学や社会主義リアリズム論にみられたように、科学的認識を過大視する人もいる。他方、科学の理解にあって、芸術的認識を科学から完全に排除する人と、芸術的認識（直観、感情）を過大視する人がいる、というように。

アリエティは、フロイトの区分に従って、人間の生得的無意識的側面を一次過程、意識的思考的側面を二次過程としつつも、創造行為は両過程の有機的相互浸透の結果生じるとして、それを新たに三次過程と提起した。その際彼は、統合失調症者の「思考」を分析したフォン・ドマルスに従って、彼らの

「思考」の特徴は、「AはつねにAであってBでない」という主語中心のアリストテレスの論理ではなく、BとAが同じ性質をもっていれば、「BはAである」という述語中心の論理であるとして、これをフォン・ドマルスの原理とした。

統合失調症者は一次過程の述語中心にのみ従って思考するため、それは通常の常識では捉えられない斬新な知覚を得ることができる。アリストテレスの同一律にのみ従って思考する者は、常識の範囲内の知覚から一歩も踏み出すことはできない。両者とも三次過程に、すなわち創造に到達することはできない。一次過程と二次過程を真に融合させた者こそ創造に到達することができる。

芸術における創造も、科学における創造も特殊性こそあれ、一次過程と二次過程の融合という普遍性に変わりはない。前者における特殊性は二次より一次の比重が相対的に多いだけである。後者のそれは一次より二次の比重が多いだけである。

科学における創造の特殊性の例を一つあげると、ハンフリーの幼な友達のスティーヴン・ホーキングは、重度の障害をもたらした神経的な病気にかかる以前は、普通の研究者であったという。しかし、病により文字を書く能力を失い、もはや紙の上で代数的な数式を使って研究することができなくなった、彼は、心の目で思い描く幾何学的な手法に頼らざるを得なくなったのである。ハンフリーが言うには、それが彼の古い代数が決して解明することのできなかったものの見方をホーキングにあたえたのだと。

芸術創造の特殊性の一例を述べると、精神分析学者石田六郎の石川啄木の日記「暇ナ時」における創造過程の分析についてである。詳しい分析は彼の著『啄木短歌の精神分析』（中央公論事業出版）を見ていただきたいが、結論部分だけをいえば、啄木の『一握の砂』の中にある「東海の小島の磯の白砂にわれ泣きぬれて蟹とたはむる」という歌は、日記における「我が母の腹に入るとき我嘗て争ひし子を今日ぞ見出ぬ」という歌をバックボーンとして誕生した、と述べている。つまり、この歌は啄木が夜中まで起きていて歌を案じているときの、多少催眠状態になったときに、彼の深層心理がそのまま表れ出たものである。この生な感情、生の情緒、心の奥底にある気持ちが押さえられて昇華し、推敲されたものが「東海の…」という歌である。

おわりに

私のこの小論は、これまでの叙述から明らかなように、個別科学においてはさほど目新しい見解ではないが、哲学（実存的身体論を除いた―その場合でも私のように事実に基づく弁証法的考察はなされておらず、そのモメントを過度に強調しているだけである(11)においてはこれまであまり触れられてこなかったものである。それゆえ、このテーマを事実をあげて論証する必要に迫られたわけであるが、その論証も当初は最小限に止めようとした。しかし、それでも紙数がオーバーになってしまい、言語生得説やその他の諸見解は割愛せざるを得なかった。それらのことはまたの機会に述べたいと思う。

参考文献および注

塚原仲晃『脳の可塑性と記憶』紀伊国屋書店
山口真実『視覚世界の謎に迫る』講談社
久保田競・宮井一郎編『脳から見たリハビリ治療』講談社
T・バーニー『胎児は見ている』祥伝社
ゲアリー・マーカス『心を生みだす遺伝子』岩波書店
下條真輔『まなざしの誕生』新曜社
池谷裕二『進化しすぎた脳』朝日新聞社
山鳥　重『脳からみた心』ＮＨＫブックス
Kubiè S. L. The Distortion of the Symbolic Process in Neurosis and Psychosis J. Amer. Psychoanal. Asso. 1 1953.
アントニオ・ダマシオ『無意識の脳　自己意識の脳』講談社
ニコラス・ハンフリー『喪失と獲得』紀伊国屋書店
Ｇ・Ｍ・エーデルマン『脳から心へ』新曜社
ジェームズ・Ｌ・マッガウ『記憶と情動の脳科学』講談社
スティーブン・ピンカー『言語を生みだす本能』ＮＨＫブックス
Ｓ・アリエティ『創造力』新曜社

（1）『マルクス・エンゲルス全集』大月書店、第二巻、一三四ページ。
（2）前掲書第十三巻、六二八ページ。
（3）同右
（4）前掲書第三巻、四ページ。
（5）同右、三四ページ。
（6）同右第四巻、一六五ページ。
（7）これは具体的にどういうことかというと、たとえば太鼓を叩いているところや、しゃべっている顔を撮ったサウンドトラック・フィルムを二本用意して、一方のスクリーンには音と同期した映像を、もう一方にはわざと音をずらせた映像を映す。この二つの識別のことである。
（8）私がこの論文を書き進めているとき、「忘れられている」その場では思い出せなかった記憶が、場所を移すと思い出すこともあった（もちろんそのときには、情動的高揚があった）。また、明け方のまだ半覚醒状態にあるときに思い出すこともあった。そしてこれは、これまでの体験でもまた今回も、覚醒時には起こらないのだが、思いがけない考えがこのとき湧き出る。これはダマシオの言う、内なる本源的なものの感じがする（もちろん情動を伴って）。レム睡眠時に人間は夢を見るのだが、この思いがけない発想はこのことと「関係」しているように思われる。
（9）ソマティックはギリシア語の「身体」を意味するsomaに由来し、その感情の一つのイメージをマーク（mark）するので、マーカー（marker）とした、とダマシオは述べている。また彼は、ソマティック・マーカーは内臓感覚（visceral sensation）と非内臓感覚（nonvisceral sensation）から成る、としている。
（10）この意識に上がらない身体（有機体）の機能の問題は、脳の情動システムに損傷のあるダマシオの患者、エリオットの例が示している。彼の知能指数と論理的な理由づけ能力はまったく正常だったにもかかわらず、情動薄弱だったため、何をするにも時間がかかり、意思決定ができなかったので、他人の世話にならなければならなかった。

(11) たとえばメルロ＝ポンティは『知覚の現象学』において、知覚の主体が志向性をそなえた身体であると主張し、「認識する」身体といった術語を駆使して「こと」を論じ、知覚から明示的表象を排除している。また、彼の身体論を支持する、アルヴァ・ノエは、ポンティの『見えるものと見えないもの』における、「視覚とはまなざしによる触覚である」(Merleau-Ponty 1964, p. 177.) というフレーズを引用して、知覚経験は脳内プロセス（表象）からではなく、身体の行動によって生み出されるとしている。これらの表象拒否の姿勢は、生物学的な環境への対応システムに基づく、ギブソンのアフォーダンス理論とも相通じるものである。

私はこの論文で、認識における人間の生得的、無意識的側面の役割に言及しているのであるが、それはそれらの側面を「排除」しない認識論を構築するためにである。この方法的観点は、第五章の『続・現代唯物論試論』で明確に述べられている。

第五章　続・現代唯物論試論――認識・表現における人間の生得的、無意識的側面の役割

一　私の論文の骨子

マルクスが新しい唯物論―弁証法的唯物論ならびに史的唯物論を創造し、エンゲルスとともに共産主義運動を遂行しようとしたとき、それに立ちはだかっていたのは、近代の哲学者、社会思想家、経済学者、それに彼らと異なる種々の社会主義者の人間本性論、しかもロビンソン・クルーソー的孤立した社会状態に基づく主張であった。これに対し彼らは人間本性の社会的、歴史的側面を強調せざるを得なかったのである。だがこの側面の強調は、他面人間の本性には永続する属性がないとする結果になってし

まった。このように人間本性とその社会的、歴史的側面を「対立」させてしまったのは、当時はまだ両側面をマッチングさせるような諸科学の発達がなかったからである。今日脳科学をはじめとする諸科学の発達はこのマッチングを可能としている。

私はこの論文でそのマッチングを可能にしようということで、人間本性の永続する属性、すなわち生得的側面を、脳の可塑性、胎児・新生児の認知能力、人間一般の生得的認知能力から明らかにすることを試みた。

第二に、以上のことを別の側面から論じてみようということで、認識・表現における人間の生得的、無意識的側面の役割の項目のもと、進化における喪失と獲得、人間は常に自覚的、意識的に行動をしているか、人間の生物的側面の認知能力、創造のプロセスに分けて叙述した。

二　合評会（東京唯物論研究会の定例研究会）における私の論文に対するご批判、ご指摘への返答

まず第一に、マルクス、エンゲルスは当時の多くの人々の抽象的人間本性論との論争という制約上、人間本性の社会的、歴史的側面を強調せざるを得なかったため、人間の本性には永続する属性がないとする結果となってしまい、両側面を「対立」させてしまった。それは当時の諸科学のレベルが両側面を

マッチングさせる段階に至っていなかったからである。今日はそれを可能としているということで、私の論文はその試みであるということに対し、マルクス、エンゲルスは人間を規定するとき、しっかりと自然的存在の概念に立脚しており、また進化論をも踏まえている。すなわち、人間本性の永続的属性（生得的側面）が捉えられており、私の、彼らは「他面人間の本性には永続的属性がないとする結果となってしまった」は当たらないし、したがって「両側面を『対立』させてしまった」も当たらないとのご指摘を受けた。

私の以上のことに対する叙述には、確かにマルクスが踏まえた人間の自然的存在や進化論の側面が欠けており、私は「みなさん」のご指摘を率直に受け入れるものである。それを受け入れたうえで、しかしながら、マルクスには当時の論争に制約された関係上、その（生得的）概念の十分な展開には至らなかったと思うものである。ましてや、今日の諸科学のレベルからみたらその不十分さはなおさらで、それは私たちが発展させなければならない課題である。

第二に、私の人間の生得的側面（進化による後成的プログラム）の展開に対し、人間の歴史的、社会的側面（環境）が人間を進化、発展させたという視点の「強調」のご指摘についてである。私もそれらの側面を踏まえて生得的側面を展開しているつもりであるが、もちろん絶えざる環境の影響が人間の生得的側面を変化させてきているし、その側面は人間を形成するうえで重要なことはいうまでもない。だが、環境によりよく適応しようとする要因および環境から規定された要因、つまり進化的要因が脳を含めた身体に遺伝的に「固定」されるのであり（種における固体の多様性を前提として）、この相対的固定が生得性が生ずるということである。また、道具の進歩の（文化の）人間の体格にあたえた影響でいえば、飛び道具が発明される以前は狩猟のためには頑丈な身体が必要であったが、飛び道具が発明された後は、頑丈な身体を維持するためにはより多くのエネルギーが必要なため、それほど頑丈でない身体の方が適応的となって遺伝したのである。（遺伝とは直接関係ないが、環境への対応に関する脳の変化について言えば、脳の可塑性のところで論じた、逆さメガネをかけた実験で、脳はすばやくその変化に対応するシステムである、ということである。まさに脳は「後成的プログラム」なのである。）

それから「おわりに」で、私の論文は紙数の制約上言語生得説は割愛せざるを得なかったと述べているが、ここで今の問題と関係していることとして、その説のあることを紹介しよう。

先天性の失語症とは、生まれながらにしておしゃべりができず、会話ができない（非文法的な発話をする）障害であるが、イギリスのKEファミリーの三世代、二十数人について調べたところ、およそ半数にこの障害があることがわかった。この「言語遺伝子」とも言えるのは第七染色体の長腕部にあるFOXP2という遺伝子である。彼らにはこの遺伝子が欠損していたのである。この遺伝子が発見されたことによって、言語の起源は意外に新しいとされ十万年前といわれようになった(1)。

第三に、私の人間の生得的側面イコール無意識側面の捉え方に対する問題である。私は進化によって獲得された生得的側面イコール無意識的側面という捉え方をしており、そして人間一般の生得的認知能力の項目において、たとえばB・リベの『無意識的脳のイニシアチブと自由意思の行為における意識的意思の役割』の論文内容をわかりやすく紹介して、「『好きなときにボタンを押してください』と言って、被験者のボタンを押そうとしているときの脳波をモニターしながら脳の活動を調べると、運動前野が動き始めて、それから一秒ほども経ってから『動かそう』という意識が現れるのである。つまり、意識以前に無意識がスタートしているのである」とか、「幻視とは……分類して記憶装置へ送り込まれるための装置だけが、入力なしに空転しているのである。

このいわば言語的に分類して記憶装置へ送り込まれるための装置が、記憶のメカニズムである。……鳥は「写真」のように見たものすべてを詳細に記憶し反応する。人間の視覚記憶は「写真」のようにではなく（自閉症の人は除いて）、事物に共通する特徴を捉えて記憶する。つまり、脳には事象に対する原型的なもの（プラトンの「イデア」のようなもの）があってそれによって対象を捉えているのである。これが脳の無意識的作用である」などの表現があると、まるで人間の意識活動が生得的、無意識的な側面によって飲み込まれてしまっているように受け取られかねない。実際このように誤解されてもやむを得ない面がある。なぜなら、私がこの問題をきちんと説明していないからである。

遅ればせながらここで説明することをお許し願いたい。それは最近茂木健一郎が『脳内現象』、『脳と仮想』、『クオリア降臨』などで述べている問題である。つまり、いくら脳科学が人間の意識活動を神経細胞およびニューロンとシナプス活動のあり方として解明し、また脳の分担機能とそれらのネットワークを解明したとしても、いったい私たちが実際に知覚し感じているクオリア（質感）をどう説明するのかという問題である。これは一つの大いなる矛盾である。この問題をめぐって脳科学者の間に大きく言って二つの流れがある（いや三つか？）。一つはエックルスで、脳と心の問題をデカルト的に分けてしまい心脳相互作用説を唱える考えである。二つ目は澤口俊之やダマシオやエーデルマンの考えで、心は脳の活動であることを前提として、心の問題を脳のレベルのダイナミックな過程として解明しようという見地である。澤口は、自我は前頭連合野のコラム群のダイナミックな動作・プロセスである、と言いつつ、「だから何なの？」という言葉が頭から離れないとしながらも、科学的営為を諦めない。この澤口の「自己矛盾」を安易に解決しようとしたのが、（第三の）脳内にホムンクルス（小人）が住み意識活動を司っているという説である。

澤口などが「自己矛盾」を感ぜず、脳即心としたら、これは完全な俗流唯物論である(2)。私は澤口などの「自己矛盾」を感じつつ、心を脳活動と捉えて解明しようとする見地を完全に支持するものである（茂木健一郎はこの「アポリア」をクオリアの現象学的記述によって解決しようとしている）。この「アポリア」を弁証法的に解釈すれば、意識（知覚、思考）は脳髄の産物であるとしても、そこから相対的に独立した意識活動を承認するということである。

私は脳科学の、意識やその特性が脳からいかにして生じるのかという因果関係を説明しようとすることに学び、弁証法的見地からそれを考察することは、人間の意識活動とその認識論を豊かにすることだと思っている(3)。

第四に、第三で展開した問題を踏まえて、人間の記憶の種類に言及し、説明しよう。側頭葉性健忘症(側頭葉の記憶システムに加えられた障害)では、意識上に想起する能力(外示的記憶、宣言的記憶)は妨げられるが、ある技能を学習する能力(手続的記憶)は正常に保たれている。つまり、手続的記憶は無意識的な要素によって内示的記憶において行われているのである。整理すると、意識的記憶、外示的記憶、宣言的記憶と無意識的記憶、内示的記憶、手続的記憶に分かたれる。

無意識的記憶については次のことを述べておこう。神経心理学者は無意識レベルで考えることを「認知的無意識」と呼んでいる。この無意識は、人間の脳はある行動が一度決まりきったものとなると(たとえば、自転車に乗れるようになると)、意識的な努力を必要とせず自動的処理をするよう設定されていることや、それからサブリミナルな認知を意味している。サブリミナルな認知に関する実験結果では、意識で認知した情報よりも無意識で認知した情報のほうが強い影響をあたえることを示している(4)。

またフロイトは、幼年期健忘に初めて言及した人であるが、この健忘とは二歳ぐらいまでには上手に話せるようになり、精神的にも複雑な状況に対応できるようになるが、後になってこの時期に起こったことに話が及んでも、その記憶はないということである。その原因は、記憶を司る海馬が働くようになるには、他の脳領域(扁桃体)に比べて少し長い時間がかかることによる。だが、幼児は外示的記憶を持っていないが、海馬以外の脳領域—扁桃体が先に成熟しているため、その無意識的、内示的記憶は維持している(5)。もしこの時期に被った心の傷があれば、それはトラウマとなり得る。

　論文にも書いたが、一般的には情動は意識に上がらない脳内過程で、感情は意識に上がる感情の感覚をさす。しかし、感情も身体を離れては存在し得ない。それゆえ、意識ではコントロールできないという意味で、無意識的側面があるのである（「つくり笑い」ということがあるが、頬や口もとは笑っているが目は笑っていない）。

注

（1）　このFOXP2という遺伝子の転写因子に異常があると言語獲得に障害が起きる。また、この遺伝子は鳴禽の錦華鳥の歌学習のときにも脳の中に発現し、ネズミの歌（オスのマウスが求愛のためにかなり複雑な歌をうたう）にも関係するらしいことが指摘されている。さらに、この遺伝子はサルとヒトの間での塩基配列の違いがほとんどないのである。つまり、音声は進化的な流れの中にあるといえる。
　ついでに、錦華鳥の歌練習のことに関して言えば、幼鳥が歌を学習するためには、発声した音と聞こえてくる音との対応づけをしなければならない。何と昼行ったこの対応づけを睡眠中、脳でくり返しているのだ、つまり学習が睡眠中強化されるのだ！　この睡眠中に学習が強化されるのは、人間でも同様の実験観察結果を得ている。

（2）受動意識仮説を唱える前野隆司は、人間の感覚知覚は、現実世界の特徴を検出しているというよりも、脳が作り出しているものと捉えるべきであり、意識が脳の無意識下の過程の追従の結果であることから、意識（クオリア）を虚構、イリュージョンとしている。これは実質的に脳即心の考え方である。

（3）このことを具体例をあげて説明しよう。少し前に、鳥や自閉症者と健常な人間との脳のシステム機能の違いについて述べた（ここでは、鳥と自閉症者の相違はさておき、その共通性だけを取り上げる）。このことは前者の「写真」のような視覚認識は、認知科学でいえば対象に対するタイプ（特定の個別的標本）自体のみの認識でトークン（カテゴリー）を欠いていることを示し、後者はタイプよりもむしろトークンによる認識を主要にしていることを示している。また、進化における喪失と獲得の箇所で、自閉症の少女が見事な写実線描画を描いたことを述べた。これは通常の低年齢の児童では不可能なことである（ましてや遠近法を駆使することなど）。彼女が遠近法による絵を描けるのはまさにタイプによる視覚認識のせいである。見た対象をトークンなしに見たままにとらえることができるからである。そうすると、近くの対象は大きく見え、遠くは小さくなる。

（4）目の前のスクリーンに中国語の漢字が一文字映し出される。あなたは中国語が理解できないので、その漢字の意味もわからないものとする。知らない文字だが、それが「良い」概念と「悪い」概念のどちらを表現しているのかを実験者から一語ずつ尋ねられる。この状況では当てずっぽうで答えるしかない。／実験後、あなたの答えは当てずっぽうではなくて、漢字が表示される前に四ミリメートル秒だけ映された人間の顔の表情に（喜びか怒り）直接関係しているのだと知らされる。顔が映し出されたのはごく短い時間なので意識では認知できないし、それを見たという記憶もない。それでも実験の結果は、あなたが無意識レベルで人間の顔の表情を認知したことを示している。漢字に先行する表情が笑っていれば、あなたは漢字の意味を「良い」ものと分類し、しかめっ面の場合は「悪い」意味に分類したのだ。

　次の実験では、顔の映像を認識できるだけ長い時間（一秒間）見せる。被験者には、その顔の情報は無視して、漢字の概念が「良い」か「悪い」かという評価だけに集中してほしいと指示する。このような条件では、評価に人間の表情は影響をあたえないのだ。

（5）　幼児期健忘のもう一つの原因は、短期記憶をベースに長期記憶が形成されるのであるが、前者は前頭前野が担っている。それが幼児期にはまだ未発達なことにもよる。だが最近、海馬未発達説が否定され、ヒトでは一五カ月で海馬は一応の完成をみるとされている。それなのになぜ記憶が形成されないかというと、記憶の形成には言語が必要であり、それが未発達なため、という説が有力になってきている。それと記憶形成には、自我や心の発達とか、記憶すべきものを整理し、組織化することも必要である、それは前頭前野が担っているのだが、それが幼児には未発達であることによる。ということも含めて、いずれにしても、扁桃体の方が記憶を早く保持するようである。

第六章　超常（心霊）現象考

はじめに

私たちが超常（心霊）現象という言葉を見聞きしたとき、そこには次の三様の反応があると思われる。まずまったく非科学的だとするもの。次にそれははっきり存在するとするもの。それからどちらかの判断がつきかねるとするもの。最近は社会現象としてスピリチュアル・ブームであると言われている。そこで、私のこれからの論考はそういう問題での三様のあり方の社会心理学的分析を行おうとするのではない。そうではなく、学問（科学）の世界で超常現象がまともに取り上げられない環境にあって、それが存在することを主張してみようと言うのである。

一　ウィリアム・ジェームズと心霊研究協会

ウィリアム・ジェームズは一八九〇年に『心理学の原理』を著し、世界に衝撃をあたえた一九世紀の心理学界の巨人であるが、その彼が、イギリスに心霊研究協会が発足したことに刺激を受けて、先の著を書く五年前に、アメリカ心霊研究協会（ＳＰＲ）の設立を求める運動で中心的な役割を果たした。彼は次のようにその設立を「宣言」している。「ここに心霊研究協会を設立します。ここでは、千里眼や、降霊術や、幽霊、さらにはありとあらゆるお化けたちが、最も高潔で教養ある会員たちの取調べを受けることになります(1)」

ＳＰＲは霊媒者だと名乗る無数の人たちの信憑性を検証し、その多くがほら吹きやいかさま師であることを暴いた。だが協会は、ほら吹きやいかさま師の信用を落とすことだけに専念していたのではない。テレパシー、自動書記、死者との交信といった、まさに心霊現象全般に関する研究にも着手した。

ＳＰＲの研究成果は、一八八六年に刊行された一三〇〇ページの書物、『Phantasms of the Living（生者の幻影）』に結実している。この本は、心霊体験の証言を検証する方法を確立したが、今なおこれを超えるものは出ていない。

『生者の幻影』のレポートで注目されるのは、数多くの「緊急時霊視」と言われるものである。これは、降霊術師が言うような霊魂の訪問の所産ではなく、ただの幻覚だ。ただし、普通の意味の幻覚ではなく、危機に陥っている人からの、ある種のテレパシーによって生じる幻覚だという(レポートは、今も四二個の大きな箱の中に積まれており、ＳＰＲのファイル保管庫で調べることができる)。

現代の研究は、ＳＰＲが何かを摑んでいたことを示唆している。ヒトは危機に陥ると、普段だとできないことや、不可能としか思えないことができる。誰でも、母親が独りで自動車を持ち上げて、下敷きになった子供を救い出したというような話を聞いたことがあるはずだ。インターネットを検索すれば、その種のストーリーが数多く見つかる。そういう緊急の必要性、すなわち危機は、潜在能力へのアクセスを可能にするようだ。

アメリカ心霊研究協会がイギリス側に吸収された後も、ジェームズはＳＰＲ全体の強力な代弁者であり続けた。一八九二年、彼はＳＰＲの目的と業績について要約してほしいと言われ、次のように述べた。

「証拠に対する飽くなき猜疑心と合理主義が完璧に発揮されている科学雑誌を一冊あげてくれと言われたら、『心霊研究協会会報』をあげざるを得ない……そこでは量ではなく質が考慮されている。すべてのレポートに対して、やるべきことはほとんどやってある。目撃者は(可能な場合は)個人的に反対尋問され、事実は調査され、体験談は証拠つきで公開されている。読者は話の信憑性を判断できる。この雑誌の他には、超自然の証拠を検討する系統的な試みを知らない。そのことは既刊の七冊の価値をユニークなものにしている……。

さて、透視やテレパシーや幽霊が実在するということになれば、ＳＰＲの慎重な方法が大きな影響力を持つことは確かだ……証拠に対する厳密さと、推測における慎重さは、極度に高潔に思われるだろう。冷静な科学者は、それを防護壁として見るに違いない……端的に言えば、ＳＰＲは新旧の体制間の役に立つ仲介者になるだろう……。

さて、筆者は（にせ予言者にならないかと、居心地の悪さを感じないわけではないが）、遅かれ早かれ心霊現象の実在が証明されるに違いないという思いを率直に表明しなければならない。筆者の転向の決め手になったのは神懸かり状態だ……神懸かり状態を自分の目で見た結果、筆者が結論せざるを得なかったことは、霊媒は神懸かり状態に入ると、知識が莫大に増加することだ。これは、いかなる既存の科学原理でも説明つかないが、事実は事実として認めなければならない……神懸かり状態は、私の心の中にあった障壁を打ち破ってくれた。科学がそういう例外を否定する限り、私にとっての科学は埃をかぶったままの古道具にすぎない。私が現在感じている最も緊急な知的欲求は、そのような事実を肯定する形で科学が再構築されることだ。科学は、生命と同じで、自らの死骸を糧とする。新しい事実は古い規則を破り、新しく探り当てられた概念が、古いものと新しいものを一つの法則に調和させる(2)」

ＳＰＲの研究のもう一つの功績は、この種の研究が次の段階に進むためのお膳立てをしたことだ。パリ大学医学部の生理学教授で、ノーベル賞を受賞したシャルル・リシェが、その次の段階を築いた。一八八〇年代に彼が始めた一連の透視実験は、不透明な封筒に入っているトランプのカードを被験者が識別できるかどうかをテストするものだった。さらに彼は、特異な現象に統計分析を適用した。最も興味をそそられるのは、彼のある発言だ。それは特異な能力を評価する実験のやり方に重要な意味を持つことになる。リシェによれば、この特殊能力の特徴は、「奇妙に不安定な性質を持つ」ことだと言う(3)。つまり、特異な心の能力は、再現性、予測性、安定性という、従来の実験のルールにまったく従わない可能性がある。それが、このとき初めて正式に認識されたのだ。

ウィリアム・ジェームズが設定した特異な心の調査は、その能力が（リシェの言うように）不安定であることを考慮に入れた、革命的なものだった。他のSPR創立者たちと同様、ジェームズは厳格な科学を求めた。「第一に、科学の方法と評価基準に従って心霊現象を調査すること。第二に、再現性のない現象や、個人的な能力に依存する現象も含めるよう、科学の範囲を拡大すること(4)」だった。それは彼の時代の科学に対するかなりの挑戦であったし、今もなおその意義深さは減じていない。

二　超常現象の事例

「ボイルの法則」の発見者で、当時も今も最も権威ある学術団体の一つである、英国王立協会を設立したボイルは、アイルランドの有名な超能力治療者である、グレートレークスの治療に幾度か立会い観察し、用意してきた質問事項（近代の医学調査でも立派に通用する内容）と照合した結果、グレートレークスが盲目、難聴、麻痺などの患者を治療したケースの目撃者として、七つの宣誓供述書に署名している。

次に直観医療とは、人々の病気の原因をその人物の気やエネルギーの状態から直観的に読み取る診断法を指すが、『病をよせつけない心と身体をつくる』（草思社）の著者クリステル・ナニは直観医療者である（彼女は近代医学を修めた看護師である）。この言葉をはじめて世界的に有名にしたのはアメリカ人女性、キャロライン・メイスである。彼女は最初、新聞記者として出発し、スピリチュアルな世界とは無縁であったが、精神的な不調に陥ったことがきっかけで、人々の病の原因を直観的に透視できるようになった。彼女は長年の研究成果を『七つのチャクラ』（サンマーク出版）という本にして出版し、直観医療という言葉を世界的に広める役割を果たした。

第三に、精神分析家であるエリザベス・ロイド・メイヤーは『心の科学』（講談社）で、ある世界的に著名な神経外科医から受けた相談を紹介している（ちなみに、私のこの論文は彼女のその著書のエッセンスであると言ってもよい）。彼は数多くの命にかかわる危険な外科手術を次々に成功させ、いまだかつて患者を一人も死なせたことがないという。その彼が頭痛に悩まされての相談であった。その原因を探ると、彼が研修医たちに教えることをやめたことに由来することがわかった。なぜ教えることをやめたのか？　それは、彼が手術を施す患者のベッドに行ってあることが起こるのを待ってから手術を行ったことを講義できなかったからである。あることとは、患者の頭の周辺に白い光が現れるのを待つことである。この光が現れるまで、手術は危険だ。光が現れれば、手術をしても患者が死ぬことはない。このことを研修医たちに教えたら、彼をどう思うだろう。きっと気がふれたとしか思われないのではないかと。

第四に、二〇〇一年一〇月二日、『ニューヨーク・タイムズ』紙に「祈りと妊娠に関係が？」という見出しが躍った。それは、コロンビア大学医学部産婦人科による研究についての報道であり、『生殖医学ジャーナル』九月号の「祈りは対外受精・胚移植の成功に影響を及ぼすか？　無作為対照比較実験の報告」という記事を取り上げたものだった。

彼らの研究は、ソウルのチャ病院で四カ月にわたる対外受精治療を受けた二六歳から四六歳までの二一九人の女性を対象にしていた。この女性たちは、ランダムに二つのグループに分けられた。他者から祈りを受ける（クリスチャンから）グループと、受けないグループである。祈りを行ったのは、地球の半分も距離を隔てた、アメリカ、カナダ、オーストラリアに住む人々だ。不妊治療を受けている女性たちも、その治療にあたっているスタッフも、誰一人この研究を知らされておらず、ましてや半数の女性たちが祈りの対象になっていることなど知る由もなかった。アメリカの統計学者は、対象をランダム化し、祈りの対象となる女性の写真をアメリカ等の祈禱グループへ送る。実験が終了して、誰が妊娠したかを研究者が確かめ終わるまで、ランダム表は誰も見ることができない。

実験の結果は驚異的だった。祈りを受けた女性の妊娠率は、受けなかった女性群の二倍に近かった。数値はそれぞれ五〇％と二六％で、このようなことが起こる確率は〇・〇〇一三未満。つまり、「祈りを受けた女性の五〇％が妊娠し、受けなかった方は二六％だけ」ということが偶然に起こる可能性は一万分の一三未満。「祈りを受けた女性の一六・三％、受けなかった女性は八％だけが着床に成功する」このようなことが起こる確率は〇・〇〇〇五だった。すなわち、このことが偶然に起こった可能性は一万分の五未満になる。

以上は宗教的思念の現象であるが、第五に、この祈りとＭＩＴ療法（音楽・イメージ・タッチ）の効果を確かめるＭＡＮＴＲＡ（認識トレーニングの観察と実現）・IIの実験が、アメリカの九つの大学の医療機関で行なわれた。対象者は冠動脈疾患の患者七四八人で、思念の介入が手術を受ける患者に役立つかどうかを調べるものだ。

患者はランダムに四つのグループに分けられた。第一の一八九人はＭＩＴ療法と共に、世界中のキリスト教徒、ユダヤ教徒、仏教徒、イスラム教徒たちからの祈りを受けた。第二の一八二人は祈りだけを受けた。第三の一八五人はＭＩＴ療法だけを受けた。第四の一九二人は祈りもＭＩＴも受けず、普通の医学治療だけ受けた。祈りは、患者にも医療スタッフにも知らされていないが、音楽やイメージやタッチ療法を患者に知らせずに行うことは不可能だった。結果は様々な観点から判定された。患者の生存率、心臓発作の有無、心臓に害のある酸素の増減、ステント再治療やバイパス再手術の必要性、鬱血《うっけつ》性心不全の発症率、再入院の必要性などである。

ＭＡＮＴＲＡ・II研究は、二〇〇五年七月一六日、世界で最も権威のある英国の医学雑誌『ランセット』に掲載された。半年後の結果では、四グループ間に大きな違いは見えなかった。祈りとＭＩＴ療法と癒しの間に因果関係はないようだった。だが、ＭＩＴ療法を受けた患者の死亡率は、他より低かった。また、絶対死亡率が最低だったのは、祈りとＭＩＴ療法の両方を受けた患者だった。この研究は一九九九年五月から二〇〇二年一二月に行われたが、別の発見があった。二〇〇一年九月一一日のテロ事件に続く三カ月間、ＭＡＮＴＲＡ・IIへの新規登録が急激に低下した。研究者たちは新しい患者を登録し、「二段構えの祈り作戦」を加えることを決定した。

新しく追加された一二の祈りグループが、研究開始以来ずっと参加してきた祈りグループの成功を祈るよう指示された。デューク大学メディカルセンターによれば、これは、「患者のための祈りの強さを増す」ことを期待したものだ。結果は、大学の発表では、「二段構え」の祈りを受けた患者たちは、「六カ月間の死亡率と再入院率が他の患者より三〇％低く、統計的に意味がある」ということだった。

以上のことに見られるように、最近は祈りや遠隔思念の研究をしないアメリカの大学医療センターは珍しくなってきている。

それから、中国や日本などで、外気功や浄霊（日本での気功に似たもの）による患者の治療は昔から行われていることである。

第六に、冷戦時代にＣＩＡで、旧ソ連の情報機関が超心理学に大金を注ぎ込んでいることを懸念して、二三年かけて二〇〇〇万ドルを費やした研究プロジェクトが始まった。すなわち、遠隔透視プロジェクトである。このプロジェクトに登場した遠隔透視者に、パット・プライスとジョー・マクモニーグルがいる。プライスの、米国の軍事秘密拠点に相当するウラル山脈にある拠点や、セミパラチンスク（現カザフスタン共和国）にある秘密実験場の透視（後者は絵に描いた）例は、基本的に正確だし、驚くほど似ていたということである。

一九八〇年一月中旬、衛星写真は、目標地点の建物のそばに、海へと続く新しい運河を写し出していた。そして、二〇本の傾斜したミサイル発射筒を搭載した双胴潜水艦も、写真から明瞭に見て取れた。後でわかったことだが、それは完全に新しいタイプの潜水艦、かつ空前絶後の超巨大潜水艦であり、その水中排水量の多さから「タイフーン級」と名づけられることになった。そして実際に、最初の「タイフーン」は白海のゼヴェロドヴィンスク造船所で建造され、一九八〇年一月に進水して試運転が行われたのである。

この潜水艦の巨大さやミサイル等の装備、水を離れた、凍った大地の真ん中で造られていることなどを、マクモニーグルが透視したのである。

三　動物や人間の超感覚的知覚（ＥＳＰ）

まず動物のテレパシーに関するものであるが、特定の人物が帰途についたことを感知するペット（犬や猫はもちろん、オウム、羊、馬、猿など）の能力が知られている。これらは、異種間テレパシー通信の興味深い一例である。動物のテレパシー能力はその他にも、「悩める人間を慰める」「遠くにいる飼い主の災難に反応する」「飼い主の無言のコマンドへ反応する」「特定の人物からの電話だけに反応する」といったものもある。

次に、犬の脅威の帰家性（帰主性のほうが妥当かもしれない）、すなわち方向感覚の素晴らしさには驚嘆すべきものがある。最も驚嘆すべき例は、一九二四年北アメリカ大陸を横断した（ミシガン湖のインディアナ州オルコットから太平洋岸に近いオレゴン州シルバートンまで）スコッチ・コリー種のボビーという名の犬の「物語」である。一九二三年の夏、飼い主のブレジャー夫妻につれられてボビーは東方への自動車旅行に出かけ、八月十六日にオルコットに着いた。そこでボビーは運悪く町の浮浪犬の一団に囲まれ、遠くの方へ追われて行ったまま姿を消してしまった。ボビーを愛してやまない夫妻は八方手を尽くしたが、ついにボビーを見つけることができなかった。それからボビーは直線距離にして三三〇〇キロメートルの旅を続け、ついに愛された飼主のもとにたどり着いたのである（映画「名犬ラッシー」はボビーの話のまったくの模倣である）。

動物の帰巣や渡りの能力の驚嘆すべきエピソードの背後にあるからくりについては、臭覚などの既知の感覚では到底説明できそうにない。サケが産まれた川に帰ってくるのは、川の匂いを記憶しているからだけで納得できるものではない。方向感覚だけではなく、時間（季節）感覚も正確でなければならない。鳩の帰巣メカニズムには、諸説のなかで最後に残ったものとして、磁気説、つまり磁気感覚ないし生物コンパスがあるのではないかというものがあるが、鳩に磁石を装着してその感覚を狂わす実験をしても、無駄だったのである。

第三に、動物の予知能力についてである。それには、飼主の糖尿病やてんかん発作の予知、癌の診断、飼主の突然死の予知、大地震の予知、空襲の予知、飼主の災害の予知などのエピソードの報告がある。この予知能力の叙述した順を追うに従い、事前認知としか言いようのない感じがなきにしもあらずであるが。

「支援犬の会（Support Dogs）」というイギリスのシェフィールドにある小さな慈善団体は、発作の警告を発するように犬を訓練することを先駆的に始めている。

西洋諸国では、動物による地震予告の研究は公式的にはなされていないと思われるが、中国では一九七〇年代、古代の伝統に則って、大地震の予兆と信じられているあらゆる兆候に注目し、報告することを民間人に奨励した。そして、一九七四年中国地震局は、史的分析と地質測定に基づき、今後数年のうちに遼寧省で大地震が起こるとの警告を発した。そこで、動物の異常行動や、井戸の水位や濁りの変化、耳慣れぬ騒音やただならぬ稲妻を見張るように、一〇万人もの人々が訓練されたのである。

そして、一九七五年二月の初めにそれらの情報の報告件数が急増した。その四日ハイチョン（海城）でリヒタースケール七・三の大地震が起こったのである。

私たちの祖先である狩猟採集の民は、他の動物と同じ選択圧力を受けてきたはずである。自分の住処から遠出し、帰ってくることができなかった集団ないし個人は、仲間に入れてくれる別の人間集団に途中で出くわす幸運に恵まれない限り、滅ぶよりなかったであろう。

ごく最近まで、多くの探検家や旅行家の報告にみられるように、オーストラリアのアボリジニ、カラハリ砂漠のブッシュマン、ポリネシアの海洋民族といった伝統社会に暮らす人々は、私たちに比べるとはるかに優れたテレパシー通信(5)や、方向感覚の能力があることで有名だった（二〇〇八年に放映されたテレビで、アフリカのマサイ族の人たちが、手品師のカラクリをものの見事に暴いていた。これなども私たちが失ってしまった視覚能力である）。ヨーロッパでも、スコットランド高地人の透視力や、帰途にある人の「前兆」の音で到着を予期するノルウェー人の能力のように、不可解な形態の知覚が認められていた。インドのような非西洋文明では、広い地域でそのような知覚形態が当たり前と考えられている。

現代社会でも、知覚能力は人間のカテゴリーによって異なる可能性がある。概して言えば、子供は大人よりも、女性は男性よりもテレパシーの影響を受けやすい（恐山の巫女や沖縄のユタ）。その一方で、方向感覚は男性の方が女性より鋭いかもしれない。

ルパート・シェルドレイクは『生命のニューサイエンス』以来、そして『あなたの帰りがわかる犬』（いずれも工作舎）でも、動物のテレパシーと方向感覚の能力を「形態場」仮説に求めている。

「方向感覚とはいかに機能するのか？　その物理的な基盤がどんなものであれ、動物は、おそらくはある種の「引く力」により、ともかく「感じる」のではないかと私は考えている。それにより近さや距離を感じとることができるのだろう。……この引く力は、動物をその居住環境へ結びつける場の中で生じると私は考えている。動物が居住環境を熟知するようになると、その環境の内部における活動の場により様々な記憶が形成されてゆく。

この内部に記憶を含む活動の場こそ形態場なのであろう。動物が形態場によってその家へ結びつけられると、この結びつきはゴムバンドのように伸び縮みができるようになる。このような形態場があるために何キロメートル離れていても、その家と結びつけられ、家の方へ引き寄せられるのだ。……動物をその家へ結びつける形態場は、動物たちの社会集団が有する形態場と密接に関連している。前者の場合に方向感覚があるのに対して、後者の場合にはテレパシー通信がある(6)」

そして、シェルドレイクは問う。動物に認めれているたいていの知覚能力は現代人にも備わっているのだが(7)、ずっと弱まっている。私たちがかくも鈍感であるのは、ヒト固有のことなのであろうか？

あるいは、私たちの感受性が脳の進化につれてこの一万年のうちに衰退し、言語の発達によりテレパシー通信、予知、方向感覚の能力を低下させたからだろうか？　そうだとすると、あらゆる文化には言語があるのだから、世界各地のヒトの知覚能力は動物よりも劣ると考えられる。

こう問うて、彼は次のように結論づける。

「しかし、この感受性の低下は、ヒトであることや、言語を使うことの代償というよりも、文明、読み書き、機械的な生活、技術への依存がもたらしたごく最近の現象なのではあるまいか。伝統的な非産業社会の人々は、今日の産業社会で教育を受けた人々よりずっと知覚が鋭かったからである（8）」

進化発達心理学者のデイヴィッド・ギアリーは、ヒトがおそらく何万年もの間使用してきた言語などを「生物学的一次能力」と呼び、読み書きなどの文化を「生物学的二次能力」と呼んだが、地球上に暮らす大多数の人が読み書きができるようになったのは、つまり「二次能力」を獲得できたのは、ようやく二〇世紀になってからのことなのである。

近代産業社会の教育を含めた変化は、人間の頭脳にも少なからぬ影響を及ぼす。その文明の恩恵の代償が、（動物や）非産業社会の人々が持っていた知覚の喪失なのである。だが、多くの人々が失ったその知覚能力をいまだ保持している人々が存在しているのである。

脳科学者のアントニオ・ダマシオは、私たちは心の一部を衝立《ついたて》として使い、心の別の一部を感知しないよう隠蔽しているとし、この衝立が最も効果的に隠しているものの一つは私たちの身体であり、その結果、命の流れである身体の内部状態を部分的に心から排除している、と言っている。つまり、産業社会への「適応」が、身体―命の流れである身体の内部状態を部分的に心から排除してしまっているのである。

四　「超常能力」とはどのような脳活動のあり方か

動物や非産業社会の人々が失っていない知覚、いまだそれを持っている人、いや現在でも多くの人々が潜在能力として持っている知覚とは、どのような脳活動のあり方なのであろうか。

ペンシルベニア大学の放射線科医アンドリュー・ニューバーグとその同僚ユージン・ダギリが、二〇〇一年に『脳はいかにして〈神〉を見るか―脳科学と信仰の生物学』（ＰＨＰ研究所）を出版した。この本は、深い瞑想の中にいる仏教僧や、祈りに没頭するフランシスコ会修道女たちの、脳に関する研究書である。

この研究での実験は、深い瞑想中もしくは祈禱中の人の脳を静止画像で撮影し、それを検討したものである。二人は単光子放出コンピュータ断層撮影（ＳＰＥＣＴ―落ち着いた環境で被験者たちの脳内血量の変化を調べるもの）技術を使って必要な画像を得ることにした。

被験者たちは、静かな部屋で座るなり横になるなりして、必要な聖書やロザリオといったものを使い、時間に縛られることなく、深い瞑想あるいは祈禱の状態に入る。被験者は深い瞑想もしくは祈禱に達したとき、紐を引っ張ることを指示されている。紐を引っ張ると、隣の部屋にいるニューバーグが放射性医薬品を点滴に注入し、それが脳に達し、血流を測定する。

ニューバーグとダギリは、瞑想や祈禱中の画像と、通常下で撮影された画像とを比較した。彼らは当初、深い瞑想や祈禱をすると、血流が増え、その結果、脳のある部位が明るくなる、と想像した。つまり、その部位が特別に活動しているはずだ。ところが意に反して、脳の特定部位が明らかに暗くなっていることを発見したのである。すなわち、深い瞑想のとき、この部位の活動が弱まっていたのだ。それは、上後部頭頂葉にあるニューロンの束だった。脳のこの領域は、物質世界での位置関係を認識する上で決定的な役目を果たしている。この部分は、非自己との関連で、自己の物質的な限界についての信号を送り続けている。つまり、「自己」と「非自己」との区別を司っている。「私はここにいて、あそこにはいない」とか、「私はベッドの隣にいて、ベッドの上にはいない」とか、「私は自分の体にいるのであって、彼女の体にではない」などといったメッセージを絶えず送っているところだ。つまり、被験者たちが深い瞑想や祈禱に達すると、自己と他者を分ける境界線を知らせる信号が遮断されるのだ。

各人の空間的位置を認識させるニューロンの活動が通常より鈍くなったわけではない。単に感覚情報が入力されなくなり、解読されなくなる。ニューバーグとダギリはその理由を知ろうとした。二人は、次のような仮説を立てた。私たちの脳には、ある情報が絶え間なく入っている。その状態に慣れた脳に、情報が入ってこなくなったときに起こるのが、彼らの観察した現象だと言う。つまり、個人の空間的境界を認識させる信号を常に送出しているニューロンが仕事をしなくなったのだ。

純粋に神経生物学的な見地から、そのことは、ＳＰＥＣＴ断層画像のキャッチは画期的なことを体験していると考えられる。上後部頭頂葉の活動が沈静化すると、誰でも同じような感覚を体験することが考えられる。彼らは、周りの世界との境界や区別をまったく感じなくなる。その代わり、周りのあらゆるものとの一体感を感じ、すべてと繋がっている感覚を体験する(9)。

事実、ニューバーグとダギリの被験者たちは、紐を引っ張ったときにまさにそうした感覚を体験していたと報告している。さらには、過去何世代にもわたる瞑想家や神秘主義者たちも、同じことを言っている。この経験の本質は、多くの人が「宇宙との一体感」「神との結びつき」だと表現しているが、周りの世界との区別の感覚が消えてなくなる状態のようだ。黙想や神秘経験の解釈で有名なイーヴリン・アンダーヒルは、すべての神秘的な体験とは、根本的に「リアリティーと一体化する芸」だと表現している(10)。

（上後部頭頂葉のニューロンに関連したこととして、後頭葉、頭頂葉、側頭葉が結合する角回と呼ばれる領野の問題に言及しておきたい。まず角回は単語が聞かれるのではなく、読まれるときに、その情報が第一次視覚野から伝達されるところである。この角回の中でも頭頂葉は、私たちの身体図式と位置の理解、すなわち自分の腕がどこにあるか、自分の足がどこにあるか、さらに身体の傾きや頭の角度などのすべての活動にかかわっているところである。まさに先に述べた、各人の空間的位置を認識させる箇所である。そして角回は、健常者のそれを電気刺激すると、臨死体験の一現象である「霊魂浮遊（身体浮遊）」が生ずることである。すなわち、このことは臨死体験とは角回の異常興奮によって生ずることを示している〈私も臨死体験によって「身体浮遊」したことがある〉。したがって、身体が三次元の世界から遊離し、心の世界と一体化するのである。）

この主観的な一体感は、ニューバーグとダギリが研究対象とした状態だけで確認されるものではない。特異であろうがなかろうが、直観による認知が行なわれているときにも確認される。彼らの調査は、「直観知能」による知識の得方を概念化する際の、土台となるかもしれない。

スポーツ選手や芸術家たちが語る「ピークの瞬間」についての体験談についても、「リアリティーと一体化する芸」が該当する、と思われる。ペレは、一九五八年のワールド・カップ・サッカーでの試合について「試合中、ずっと忘我状態にありました。まるで目の前で未来が展開されているようでした」と語っている(11)。作家のイサベル・アレンデは語る。「本を書いている気がしません。ストーリーがそのあたりに浮いているようです……自分が何を書いているか、知らないで書いているのです(12)」

さらに、主体的な一体感は、「直観知能」の範囲でも、最も特異な端へと結びつけられ得るのではないであろうか。つまり、クレアボイヤレンス（千里眼）やテレパシーを感じ得る直観能力者たちのことである。彼らはこれらの体験はスピリチュアルな訓練の自然な副産物であり、ことさら体験自体を重要視していない。大切なのは一体感なのだ。

たぶん、ニューバーグとダギリが発見した神経活動のパターンから、特異な直観知能がどんな神経活動や認識能力から生じているか、突き止めることができるだろう。自己と非自己を区別する入力が減ると、（ジェームズの神懸かり体験が示すように）通常ではとても手の届かない情報にアクセスできるようになる。そうなると、異なる視点で物事を見る能力が生まれる。その能力は、空間と時間が境界線で区切られているという常識を超越する。そうなら、特異な知識の得方も、それほど特異には見えなくなる。逆に、それがまったく普通に見えてくるかもしれない。「隔てられた状態」に代わって「繋がった状態」が意識の表面に出てきて、「物事がありのままに」見えるようになるのだから。

無意識の記憶を「潜在記憶」というが、これは二つに分類される。「手続記憶」と「連想記憶」だ。両者とも広大な神経ネットワークの中にあり、その物理的構造は常時変化している。前者は人生における「いかにやるか」に関わっている――車の運転、ボールの投げ方、よく訓練された音楽の演奏などだ。後者は、私たちの精神が形成する複数の事項を関連づけるネットワークにかかわっているが、それはまったくの意識の外で行なわれている。このネットワークは思考の領域をはるかに超え、感覚的知覚、感情、動機、態度、価値観などを含む。

超常能力とはいかなる脳活動のあり方か、の第二は、「手続記憶」と「連想記憶」にかかわる問題である。

「手続記憶」の鍵となる特徴は、たとえば、ピアニストが演奏の手順をどのように行ったかを説明できないことだ。彼が複雑な曲の演奏で間違えるのは、何をやっているかを考えるときだ。つまり、意識は演奏のプロセスの邪魔になるのだ。「手続記憶」は多くの「潜在記憶」と同じで、意識による検索よりもはるかに早い。だから、曲のいくつかの小節を正確に解釈するよりも、はるかに早く演奏できるのだ。

そこで問題は、この意識して考えることは、かえってそれら（演奏）の手順の邪魔になる、というのは、超常能力者たちが特異な能力について語るときに使う言葉と同じであることである。

それゆえ、「手続記憶」と「意識して知ること」の関係を説明するモデルは、特異な認知モデルをつくるヒントになり得るかもしれない。さらに、特異な心のプロセスの研究に必要な実験条件を特定する上でも、助けとなるかもしれない。なぜなら、意識的に考えることが無意識で知ることの「邪魔になる」なら、私たちに必要なのは、意識的思考を迂回して得られるデータかも知れないからである。

「潜在記憶」のもう一方の「連想記憶」も、行動を左右する強力な影響力を持つが、私たちはそのことを知らないでいる。プライミング（呼び水効果）実験と呼ばれるものがたくさん実施されているが、それが「連想記憶」の働きを証明している。

たとえば、よくある実験で、まず被験者に言葉のシリーズを見せてから、続く言葉がスクリーンに投映され、一つの言葉が完成すると思ったらボタンを押すように依頼する。すると、最初のシリーズで「犬」という言葉を見ていた人は、スクリーンに「プードル」や「テリア」という言葉が出てくると、事前に「犬」という言葉を見ていない人よりも素早く反応する。この場合、「犬」が呼び水となっている。「犬」は「プードル」や「テリア」をも含む連想ネットワークのスイッチとなり、「プードル」や「テリア」などの言葉も活性化される。そこで、「犬」だけでなく「プードル」や「テリア」も意識にのぼりやすくなる。

もっと複雑なプライミングのいくつも考案され、いずれも無意識の連想ネットワークの力を示している。中でも興味深いのは、「サブリミナル・プライミング」だ。サブリミナル・プライミングでは、言葉を見せられるのだが、見せられていることを被験者が意識していない。

たとえば、一つの言葉を一〇分の一秒だけ見せて、その後は特別な意味のない数字などを長い時間見せる。この特色のない刺激によって、被験者は言葉を見せられたことを意識で認識できなくなる。ある有名な研究で、被験者はサブリミナルに「assassin＝刺客」を含む長いリストの言葉を見せられた。だが、被験者たちはassassinという字を見た意識がまったくない。一週間後、被験者たちは「A○○A○○IN」という言葉の空いている部分に字を入れるよう要請される。被験者の多くは、「assassin」としたが、一週間前にサブリミナルに「assassin」という言葉を見ていない人々は、別の字を入れることが多かった。

サブリミナル・プライミング実験が繰り返し証明したのは、まったく説明できないと思っていた思いや感覚が、完璧に合理的に説明できることだ。そこで疑問が湧いてくる。この実験は、特異な認知についても、何かを教えてくれるのではないだろうか？　無意識の連想ネットワークは、特異な認知においても、思いや感じや感覚を結びつけて、起動の力として働くのではないだろうか？　それが意識上に現れると、まったく以外だと驚くことになる。もしそうなら、明らかに特異な認知をして受ける衝撃の感覚も説明できるのではないか？　衝撃は、無意識の連想ネットワークが意識上に現れるときに感じるシグナルではないか。たとえば、デジャヴュ（既視感）や思いがけない名前が頭に思い浮かぶときだ。もちろん、明らかに特異な認知と、何か違うところがあるかどうかも考えなければならない。特異な認知に伴う衝撃は、驚き以上のものであり、無意識の連想ネットワークによって、あることを意識的に知ることになったことのシグナルではないか。

明らかに特異な認知から生ずる衝撃は、驚きから来るだけではないだろう。それは連想ネットワークが駆動するときの実質的な性質なのではないだろうか。特異な認知は、無意識の連想ネットワークに所属するのかもしれない。意識的な心の働きの領域だけでなく、無意識と呼ぶ領域の中にもあるのではないか。衝撃は、私たちが確認できる連想ネットワークの内部には収まらない、無意識の関係を認識するところから来るのではないか。それは、まだ知られていない結びつきを感知する能力が、人間にあることを示しているのではないであろうか。

おわりに（その一）

脳科学者の有田秀穂は、禅における呼吸を整え瞑想状態に到達したときの脳活動のあり方を研究した。通常のリラックスしたときとか、「閉眼」したときに生じる脳波は遅いアルファ波であるが、座禅の瞑想状態にあるときの脳波は「開眼」状態にあるときのそれで、閉眼のアルファ波が消えた、速いアルファ波（アルファ2成分、一〇から一三ヘルツのアルファ波）である。つまり、禅の開眼状態にあるアルファ波は、覚醒状態におけるベータ波の中にアルファ波が混入した状態なのである。また、この覚醒状態はセロトニン神経が興奮させられることによって生ずるため、大脳皮質の活動が抑制されるが、脳幹網様体賦活系は影響を受けないので、この賦活系中心の皮質活動状態にある。したがって、それが極まれば、時間も空間も、言語的な思考もまったくないという感覚が生ずる。言語による合理的な思考が抑えられ、より直観的な理解が全面に出現し、感性が研ぎ澄まされることになるのである。これが座禅の「無」の境地である。

この有田の禅の脳活動のあり方の解明は、ニューバーグとダギリの上後部頭頂葉における脳活動のあり方の問題を、別の側面から明らかにしたものである。

フロイトは、精神分析学を創始した当初、テレパシー等の超常現象の解明に意欲を持っていた。しかし、現実主義者でもあったフロイトは、創始したばかりの精神分析学が反感を受けていたことを十分承知していた（特に、幼児や子供が性欲を持っているとする見解）。そのような状況で、精神分析学が

「オカルト現象」を是認したら、学会から孤立することは火を見るよりも明らかであった。そこで、超常現象の解明を封印し、精神分析学を科学として確立することに心血を注いだのである。

フロイトがその学としての確立をいかに徹底したかについて、次のようなエピソードがある。それはフロイトサロンの常連客の話であるが、サロンで音楽が始まるときとなると、彼は姿を消したということである。フロイトの音楽嫌いは、よく知られた話である。常連客がフロイトに聞いたそのわけは、教授は音楽のことは手放しで褒めていたけれど、我を忘れてしまうのが嫌いだったようだ。彼は感情をコントロールできる状態の方をそれより好んだのだと。つまり、忘我の状態を「許せなかった」のである。(この忘我は、神話や宗教的感情とも関連している。この問題でフロイトは、ロマン・ロランと意見を異にしたし、ユングとは決裂を招いた問題でもある。)

音楽に限らず、すぐれた芸術は私たちをトランス状態にする（宗教的体験もそうであるが）。そこで、芸術的才能のある人ほど、特異な認知能力が高いのではないか、という研究がある。アメリカのジュリアード音楽院の学生二〇人での実験結果であるが（送り手は別の部屋にいて写真か映画の一部を見て「テレパシー」を二〇名に送る）、全体的に見てジュリアードの学生の「当たり」率は、何と五〇％だった。さらに驚いたことに、音楽を習う八名の命中率は七五％だった。舞踏や演劇の学生よりも的中率が高かったのだ。

この実験を行ったホノートンとシュリッツが言うように、これは小さな研究であり、ただ示唆的なだけであり、それ以上のものではない。だが疑問が出る。ジュリアードの学生たちは、すでに特別な人々だ。明らかに特異な能力は、他の特殊な能力と相互関係にあるのだろうか？　特異な認知は、特別に芸術家が利用しやすいのか？　だが、ジュリアードの学生たちは、単に創造性が豊かなだけではない。彼らは驚くほどの規律を持って、技術的訓練に明け暮れている。彼らの規律と集中力が驚くべき命中率の理由の一部なのか？　音楽家たちはどうなのだ？　音楽的な耳を持っていると、明らかに変則記号も聞こえるのか？

ジュリアードの結果を検討すると、さらに多くの疑問が浮かんでくる。芸術家が持つ、無意識との独特な関係は何か？　芸術的な才能がある人々は、昔から無意識と特殊な接触ができると言われてきた。無意識のイメージが日常生活の意識に入り込むには障壁がある。彼らはその障壁を自由に乗り越えることができるのか？　送り手が送る生き生きとしたイメージを、特異に認知できるのもそのためか？　無意識と夢を結ぶ道と並行して、無意識と特殊な認知を結ぶ道があるのか？　芸術家たちは夜間の夢見る目を昼間でも使えるから、夜間の目が重要なのか？　だから特異な認知は、夢のようにはかなく、気まぐれではないのか？

今述べた二つのパラグラフ（段落）は、「特異な認知は、特別に芸術家が利用しやすいのか？」だが、「創造性が豊かな」ジュリアードの学生たちが「驚くほどの規律を持って、技術的訓練に明け暮れている」ことが、「驚くべき命中率の理由の一部なのか」とか、「無意識のイメージが日常生活の意識に入り込むには障壁がある」が、芸術家は「昔から無意識と特殊な接触ができると言われてきた」また、「夜間の夢見る目を昼間でも使える」だから、特異な認知ができるのでは？　ということである。

では、ここでの、芸術家の特異な能力と、普段の意識と、特異な認知との関係をどのように解釈したらいいものであろうか（音楽家のことはともかくとして）。

フロイトは（生得的）無意識的領域を一次過程、意識的領域を二次過程と区分した。アリエティはこの区分を踏まえ、創造行為は両過程の有機的相互浸透の結果生ずるとして、それを三次過程とした。

したがって私は、創造行為、すなわち三次過程を可能ならしめるためには、近代産業社会以前の人間が所持していた（潜在的には現代人も所持している）、超常的知覚も関わっているのではないかと、考えるものである。超常知覚は生物学的要素がきわめて強いものであるが、それが三次過程における一次過程（無意識的領域）と特別に結びついていると思うものである。そして、超常知覚も何らかの形で二次過程が関与していると思うものである（原始や近代以前の社会にあっては、二次過程における文字による情報量が皆無か、あるいは相対的に少なく、「体」で記憶する能力に依拠していたであろう）。

おわりに（その二）

今、超常知覚も何らかの形で二次過程が関与していると思うものである、に続く括弧で括った文として、原始や近代以前の社会にあっては、二次過程における文字による情報が皆無か、あるいは相対的に少なく、「体」で記憶する能力に依拠していたであろう、ということを述べた。そこで、二次過程に関わる問題としての、近代以前の社会（現代人も潜在的には保持している）におけるこの「体」で記憶する能力の問題を若干解明してみよう。

動物にもコトバがあり、それは鳴き声、つまり音声的リズム（音楽言語）によっている。北アリゾナ大学のコン・スロバチコフはアメリカとメキシコに生息する五種のプレーリードッグの一種、ガニソンプレーリードッグの危険を知らせる鳴き声を分析して、彼らのコロニーには、名詞、動詞、形容詞をそなえた意思伝達システムがあることを発見した。また彼らには、捕食者が移動している速さによって、鳴き声を速くしたり遅くしたりする、変形規則があるらしいこともわかった。

人間の「言語遺伝子」と言われているものに、FOXP2という遺伝子がある。これは、イギリスの先天性の失語症（生まれながらにしておしゃべりができない）のある家族の三世代、二十数人を調べた結果わかったことである。つまり、この家族の半数にこの遺伝子が欠損していたのである。

この遺伝子は鳴禽の錦華鳥の歌学習のときにも脳の中に発現し、ネズミの歌（オスのマウスが求愛のためにかなり複雑な歌をうたう）にも関係していると指摘されている。また、サルとヒトのこの遺伝子との間には、塩基配列の違いがほとんどない。すなわち、音声は進化的な流れの中にあるといえる。

音声言語を裏づける証拠は、脳スキャンの研究でわかった。話し言葉を理解する脳の領域——ブローカ野——はこれまで言語以外のものに関与しないと考えられてきたが、音楽も理解することが確認されたからである。このことから、音楽、あるいは音楽のようなものがかつて人間の言語だったことが考えられる。

この説を間接的に裏づけるものがある。アフリカには、声の調子の変化に意味を持たせる「吸着音言語（アフリカ南部のコイサン語族が舌打ち音を用いる言語）」で話す部族がいる。ＤＮＡを調べたところ、「音調言語」が、おそらく、太古の人類がはじめて話したとわかった。北京（官）語も、音調言語だ。音調言語は音楽と同じものだとは考えられていないが、北京語を母国語としない人を対象に、語の語調の変化を聞く能力を調査したところ、音楽科の学生は他の学科の学生よりすぐれていることが明らかになった。

西アフリカの無文字社会、モシ族では何代にもわたる王家の歴史は、記憶を職業とする「王宮付き楽師」の長時間に及ぶ太鼓の奏打という、いわば動作（体）そのものの形で代々伝えられている。彼らは太鼓を打つ動作なしには長大な系譜を想起できないのである。また、イスラムの伝統社会では、膨大な経典コーランが、現在でも「唱える」という「体（からだ）化」の方法で口伝されている。同じアラブ社会には、かつて広大なインド洋を航海するための「唱える海図」とでも呼べる、航路を読み込んだ長い詩句が存在した。これとて、膨大な空間の情報は、そのように体に刻み込むことでしか記憶できなかったのである。また多くの「語り部」は、語る、唱える、あるいは歌うことなしには、物語を構成している内容を正確に再現できない。

このように、体に刻み込む記憶は「からだ記号」といわれるものである。そして、これに対峙しているのが「ことば記号」である。では、両者の発達的関係はどうなっているかというと、これは、もの（物）志向ジェスチャーの一種である表象的ジェスチャーと、それに並行する発話との微細な時間的関係を発達的に検討した、実験結果からの推測であるが、成人では単語の意味を定義するような時に現れる表象的ジェスチャーは、決してことばに先立っては現れない。一四歳児でも成人と同じで、「からだ記号」は「ことば記号」に従属して、それに引き出されるように現れる。しかし、幼児（四歳）ではその流れは逆転し、「からだ記号」である表象的ジェスチャーがことばに先立つことがしばしばあった。幼児では、まるでジェスチャーが表象をつくり出し、ことばがそれを跡づけているかのように、ジェスチャーがことばの表出をリードしていた。

ということは、幼児の現象は無文字社会の現象と類似しているのではないかと、推測できないであろうか。

最後に、文字言語を中心とした記憶があたりまえとなっている、近現代社会における「体」で記憶する問題について言及したい。たとえば、「口」、「共」、「十」という漢字を示して、それらが組み合わさってできる一つの漢字（この例では「異」）を想起させるテストを試みた結果、被験者たちのほとんどは手のひら、膝頭など体の表面に書きつけたり、体の前の宙で指をふるわせるように空書を行って回答した。これは、漢字文化圏に属する人々に共通した行為であり、アルファベット文化圏の人々には稀にしか見られないことである。

だが、前者の純粋失読の患者（文字を書くことができるのに読めない）はもちろん、後者の文化圏に属する彼らでも、空書すると読めるようになる。これは、文字のイメージの深層に動きの感覚が存在している（体に刻み込まれている）ことを示している。したがって、コンピュータの開発とその普及がこの「書いて覚える」というプロセスを稀薄にしてしまう可能性があり、それは文字の豊かなイメージ形成にとってマイナスの要素を孕んでいるといえる（卑近な例では、コンピュータの操作に熟達すると、漢字を忘れてしまう問題が現に生じている）。

また、ルソーの童謡「むすんでひらいて」の歌詞の再生を求める実験（六歳児と大学生とも一二名）では、①歌と動作の両方が禁止された条件では、大学生の半数が失敗している。また通常歌えば、一三〜一四秒しかかからないのに、話すように求められると、六歳児では三〇・九秒、大学生でも一八・九秒と二〇秒近くもかかっている。②歌えないが動作をつけてもいい条件では、六歳児一七・一、大学生一五・一と①の条件の時ほど差はない。③動作はつけられないが歌っていい条件では、六歳児一三・三、大学生一四・三と大差ない。未開や伝統社会で口頭伝承を可能にしてきた、言葉を「体の場」、韻律を介して記憶するという方法の有効性は、現代の私たちの言葉の記憶にも通じる事実のようである。

注

（1）Robert A. McDermott, Introduction to Essays in Psychical Research (The Works of William James), Frederich Burkhardt, General Editor (Cambridge, MA: Havard Press, 1986), xxxiii.

（2）“What Psychical Research Has Accomplished” (1892), in Essays in Psychical Research,89-106.

（3）Broughton, 65.

（4）Essay in Psychical Research, xix.

（5）北アメリカ先住民チェロキー族の血を引く作家である、フォレスト・カーターの小説『リトル・トリー』（めるくまーる）で、テレパシー通信の場面がある。

　リトル・トリー（祖父母が幼きフォレストをそう呼んでいた）は政府によって祖父母から「強制的に」（祖父母もリトルも嫌で嫌でたまらなかったが）離されて孤児院に入れられることになった。行くときに、祖母は孫に「天狼星（ドッグ・スター）のことは覚えているね、リトル・トリー？　ほら、夕方暗くなり始めると、すぐ見える星よ……どんなところにいても、夕方になったら天狼星を見るのよ。わたしもおじいちゃんもあの星を見ているからね。わたしたちいつだっておまえのことを思っているよ」と言った。リトルは天狼星が輝きはじめると、毎晩祖父母やウィロ・ジョーン（リトル・トリーの友だちで老人）に向かって孤児院からの救出を祈った。そして、「院長先生にむちでぶたれてから三日目の夜、天狼星は厚い雲に覆われて見えなかった。強い風が電信柱を倒してしまったので、孤児院はまっくらやみに閉ざされた。ぼくの訴える声が祖父母やウィロ・ジョーンにとどいたのだとわかった」

　やがて、祖父がリトルを迎えに来た。祖父が言うには、毎晩星を見ていたら「しだいに不吉な予感がしはじめたんじゃ」と。

（6）『あなたの帰りがわかる犬』、二四四―六ページ。

（7）成長した盲人の歩行補助装置として開発されたものに、ソニック・ガイドがある。これは、コウモリのエコロケーション・システムにヒントを得て開発された装置で、額の位置から超音波を発信し、それが空間の中にある対象にはねかえったところを受信する。受信された超音波は私たちが聞くことのできる音に変えられる。この装置を付けた者は三種の「視覚的」な情報を聞くことができる。対象までの距離は音の高低で、大きさは音の大小で、「肌理」は音の透明度として表現される。

この装置をエイトキンとバウアーは、発達初期の先天盲児に試験的に用いた。目の見える乳児ではちょうどリーチング（空間の中に置かれたもの、空間の中にあり、視覚刺激を発したり音を出したりしているものに手をのばしたり触れようとする体の動き）し始める時期にあたる五カ月前後を過ぎた八名である。もちろん対象とした盲児の一人も、取り付けたときには音の出る対象へのリーチングの兆候すら示していなかった。結果はまさに「劇的」であった。これを付けるまでは、一度もリーチングしなかった一歳前後の盲児五名は、わずか十数回、「視覚」へおもちゃを提示されると、腕をのばし、手で顔の前にあるものに触れようとした。どの盲児も、対象の位置に正しくスムースに手を運べた。そして、リーチングをあっという間に始めた盲児は、自分に向かってくるものを顔をそむけて避ける、体の前を移動するものを顔で追うなどの、いわゆる視覚定位行動も同時に始めた（ただし、この能力獲得には臨界期の問題があるようだ。彼らの被験者で三名の一八〜二〇ヵ月ではこのリーチング行動はまったく見られなかった）。

以上のことは、先天盲児で、コウモリの能力があるとは言えないが、それに「近い」空間把握能力が、目の見える乳児同様、先天的にあることを示している。

（8）『あなたの帰りがわかる犬』工作舎、三五二ページ。

（9）禅の瞑想状態の最高のレベルを三昧というが、そのとき感覚が非常に鋭くなっている。たとえば、部屋の隅に花が一輪挿してあると、普通では匂いなどほとんど感じないけれど、瞑想によって非常に強く身体全体で匂いを感じることができたり、線香から落ちる灰のかすかな音を「ボソッ」と大きく聞いたりすることもあるという。

瞑想によって知覚や、感情、判断などが静められているにもかかわらず、脳幹網様体が活性化されるとき、体のリズムが整えられ、身体と心は一つになって活性化され、より高い感覚を生むのである。

（10）Evelyn Underhill, Practical Mysticism (Alpharetta, GA: Ariel Press, 1914, first Ariel Press ed., 1986) 23.

（11）Peter Bono and David Hirshey, Pelé,s New World (New York: W.W. Norton, 1977), 27.

（12）Janet Lynn Roseman, “Conversation with Isabel Allende,” Intuition, June 1996: republished in Helen Palmer, ed., Inner Knowing: Cosciousness, Creativity, Insight and Intuition (New York: Jeremy P. Tarcher/Putnam, 1998), 120.

第七章　マニフェストの提言

一九九一年にソ連が崩壊した。これはマルクス主義に基づく社会主義、共産主義が失敗したことを意味する（もちろんこれによって、「自由主義社会」がすぐれていることが証明されたわけではないが）。そこで、このソ連崩壊について、次のような見解がある。それは社会主義がまだ歴史的に形成期にある問題であるとか、スターリン体制の成立によってマルクス、エンゲルス、レーニンの思想、理論の真髄が歪められた結果であるとか、またソ連をはじめ他の社会主義国の多くが資本主義の未発達な、あるいは遅れた段階から出発したために、人間の自由や平等の発達が妨げられた。それゆえ、発達した資本主義国において社会主義が実現された場合、そのような問題が起こりえない、という見解がある。これらの見解は、ソ連崩壊の原因を政治的偏見にとらわれず、公平かつ「学問的に」考えた場合「妥当性」を持つものと言えなくもない。

問題は、多くの人々が、このような公平かつ「学問的な」結論に達するかどうかである。いやむしろ、学問的に考えた場合、マルクスの史的唯物論に基づく、資本主義から社会主義、共産主義への移行は、あくまでも一つの仮説である、と言える。それに、ソ連や中国、その他の社会主義国において人権抑圧等の歴然たる事実があったしあるし、それにまた権力を取っていない「ソ連型」社会主義政党もこの事実が皆無であったとは言い難い。さすれば、公平かつ「学問的」結論は必ずしも「妥当性」を持つものとは言えない。

そこで、問題を率直に提起すれば、日本の社会主義政党の綱領が、民主主義革命によって異常な対米従属と大企業、財界の横暴な支配による国民的苦難を解決することにより、国民が国の主人公になることができるが、しかし人間がほんとうの意味で社会の主人公になる道は、社会主義、共産主義によって可能となる、と述べている点である。

ここで、民主主義的変革によって国民が国の主人公になることに関してはまったく問題はない。問題は真に社会の主人公になる道は、社会主義、共産主義である、と述べている箇所である。この箇所は、先の公平かつ「学問的」結論は必ずしも「妥当性」を持つものとは言えないことと、かなり「ずれている」見解である。

それゆえ私は、ソ連崩壊を真摯に受けとめ、二歩後退して一歩前進する道を追求すべきであると思う。

その道とは、社会主義政党から社会民主主義政党へ脱皮することである（もちろん、党名変更も）。これは、戦前社会主義政党が非合法を余儀なくされたとき、労農党を結成して、国民への浸透を図ろうとした、その広範な浸透の側面の精神を生かす道である。さすれば、少数野党として政権獲得の道を閉ざすこともなく、国民の多くを結集して政権党への道を開くことができる。

私が今なぜこのことを主張するのかと言うと、日本の支配層はアメリカのバックアップの下、新自由主義に基づく政治・経済体制を確立すべく（矛盾が露呈し、若干の格差是正が行なわれたとしても）、憲法九条を改正しようとしている。これが実現すれば、日本はアメリカの世界制覇に協力し、「戦争」を遂行する国家となるであろう（国連の「決議」があれば、自衛隊の海外派兵も可能という見解も含めて）。これは新しいファシズムへの道であり、これを阻止するためには、幅広い国民諸階層を結集しなければならないからである。それと、環境問題が深刻になり、それが生態系や人類の生存さえ脅かすものとなっている。その「待ったなし」の事態が地球温暖化である。この差し迫った課題（ポイント・オブ・ノー・リターン）の解決は、「体制選択的に」事を論ずる場合ではなく、今すぐ国民を結集して政権獲得に近づき、「環境産業革命」を推進しなければならないからである(1)。

そして、社会民主主義政党へと脱皮した党のメーン・スローガンは何かと言えば、改憲を阻止し、平和憲法を外交の基本とする国づくりを目ざすことと、資源浪費、市場経済至上主義に替わる循環・共生型の経済社会、経済成長主義に替わる定常状態の経済社会（スウェーデン等で取り組まれている）の形成である。
先進国がこのような環境持続型の経済社会、定常状態の経済社会を形成すれば、発展途上国が「近代化」を達成するのに同様な方式が採用されるであろうし（先進国の援助によって）、またそれを推進、実現するためにも、政権獲得に近づき、人類の今後の生存を可能ならしめる道を遂行しなければならない。

注

（1）現在新自由主義に基づく経済のグローバル化が行き詰まり、金融危機をきっかけに世界同時不況が進行している。この経済危機を打開するためにも、「環境産業革命」による新産業の育成、緑の雇用創出が必要である。

第八章　循環・共生型の経済とは何か——ハーマン・E・デイリーの『持続可能な発展の経済学』（みすず書房）のエッセンス

はじめに

私はかつて『燈をともせ』第四号（二〇〇六年発行）に「マニフェストの提言」を掲載し、日本の社会主義政党が時代に対応するためには、マルクス主義に基づくソ連崩壊を真摯に受けとめ（ソ連崩壊は即「自由社会」の勝利を意味するものではないが）、一歩後退して一歩前進する道を選択すべきであることを述べ、具体的には社会主義政党から社会民主主義政党へ脱皮すべき旨（党名変更も）を主張した。さすれば、少数野党として政権獲得の道を閉ざすこともなく、国民の多くを結集して政権党への道を開くことができるからである。

私が今なぜ特にこのことを主張するのかというと、日本の支配層はアメリカのバックアップの下、新自由主義に基づく政治・経済体制を確立すべく憲法九条を改正しようとしている。これが実現すれば、日本はアメリカの世界制覇に協力し、戦争を遂行する国家となるであろう。これは新しいファシズムへの道であり、これを阻止するためには、幅広い国民諸階層を結集しなければならないからである。それと、環境問題が深刻になり、それが生態系や人類の生存さえ脅かすものとなってしまっている。その「待ったなし」の事態が地球温暖化である。この差し迫った課題（ポイント・オブ・ノー・リターン）の達成は、体制選択的に事を論じている場合ではなく、今すぐ国民を結集して政権獲得に近づき、「環境産業革命」を推進しなければならないからである。

そして、社会民主主義政党へと脱皮した党のメーン・スローガンは何かといえば、改憲を阻止し、平和憲法を外交の基本とする国づくりをめざすことと、それから資源浪費・市場経済至上主義に代わる循環・共生型の経済社会の形成である。

そこで、その経済社会の形成に数多くの先駆的な命題を提起し、環境経済学の第一人者であるデイリーの著作を考察することによって、循環・共生型の経済とは何かを解明しようとするものである。

一　旧約・新約聖書の語る持続可能な社会とその理念の問題

モーゼに導かれてエジプトの囚われの民を脱したイスラエルの人々は、神の約束したカナンの地に辿りつき、そこで神政政治に基づく国をつくった。古代イスラエルはモーゼの律法に基づく法を施行した。その法で注目すべきは、ヨベルの年を設けたことであった。神の土地は各家庭に平等に分けあたえられたが、時が経過するにつれ、能力、土地の肥沃度、幸運、結婚などの諸条件の相違により、不平等が拡大することとなった。そこで、最初の分配に戻すのが五〇年ごとのヨベルの年であった。これが可能だったのは、七年ごとの土地の休耕、抱卵している鳥を捕らえないこと、戦争で樹木を破壊しないことなどが法で定められ、持続可能な経済が実現されていたことと、当時は高死亡率のため人口の急激な増加が食い止められていたからである。それと、不平等に対する制限は、ヨベルの年が含意する長期的なものに止まらず、短期的なものも考慮されていた。それは富の蓄積における上限と、生活をそれ以下に落ち込ませない下限が設定されていたことである。

ソロモン王以後これらの法があっさり破られ、その後古代イスラエルがどのような運命をたどったかは周知の事実である。

新約聖書は旧約の律法主義的な色合いが弱くなり、より個人主義的な色合いが強くなったものの、不平等の制限という原理は再度強力に是認されているように思われる。

キリスト教においては（他の宗教――ユダヤ教、イスラム教においても）、天地創造と受託者責務が説かれている（仏教では縁起を受容する受託者責務が）。それによれば、世界は神の被造物であり、私たちと私たちのすべての小さな被造物がより大きな被造物の一部であり、しかもそれによって制限されているとされる。

そこで、この問題の解釈をめぐっては二つの根本的に異なる考えがある。一つは、自らを創造主と見做すよりも、被造物と見做す考え方であり、他は人間は被造物であるよりも創造主であるとするものである。前者の立場に立てば、経済の問題で言えば、それをより大きいが有限で成長することのない閉じた生態系の中の、開かれた下位システムと見做す考え方に行きつき、ここから人間の生態的地位の最適規模についての探求に繋がる。後者は、自然が有限である可能性を認めるものの、自然を経済の下位システムと見做す考え方であり、そこから永遠の成長を規範とすることに繋がる。

以上のことからデイリーは次のように結論づける。

科学技術が進歩し、資源基盤の劣化が防止されていず、すなわち持続可能な経済が実現されていず、人口も未曾有の増大を来たしている現在、古代イスラエルの「神の国の実現」を人々に説いても現実は変化しない。それよりも、キリスト教や他の宗教が説く天地創造や受託者責務の理念的見地を私たちの経験と諸科学の発展に照らして具体化することである。

私は、先にデイリーが指摘した、古代イスラエルがヨベルの年や種々の不平等の制限をソロモン王以後放棄したことは、貧富の差を拡大することによって「共同体」が崩壊し、富者が大きな権力を獲得して飽くなき富の追求に狂奔し、自然をも破壊していくその後の国家や文明がたどった道を示唆したものだと、考えるものである。

日本の歴史をひもといても、古代イスラエルの「共同体」の状況と似た側面がある。たとえば、江戸時代は確かに士農工商の身分社会であったが、ヨーロッパとは異なり領主は農村に住まず、したがって農村を直接支配・管理したのは武士ではなく、農民の村方三役であり、しかも税は請負制であった。鎖国体制の確立により日本は完全に閉鎖系の経済システムとなった。そこで、限られた資源で経済を運営していくためには、諸大名には治山治水を行い、資源の浪費を防ぐことが求められた。それゆえ、生活費用の抑制も求められた。需要が供給を上回りがちな経済にあって、それが比較的うまく運営されたのは、（力だけでなく）経世済民によって各身分間の調整が行なわれたからである。しかも今日からみれば、「完全な」リサイクル社会である（明治以降日本が開放系の経済に移行するに伴い、内外の資源浪費も開始され、貧富の差も拡大していくこととなった）。

それと、キリスト教等の天地創造と受託者責務の理念の現代の経験や諸科学の発展に見合った解釈の問題は、人間は自然や地球生態系の一部であることを認めつつも、今稼動している科学や経済の虜になっている実態に警鐘を乱打する問題としても重要である。

二　GNPのカテゴリーの問題点

デイリーは、合衆国の経済成長を分析し、その問題点を解明している。彼がジョン・B・コブ・ジュニアと共同して合衆国についての「持続可能な経済的福祉の指標」(ISEW)を開発して分析した結果、アメリカでは一九五〇年から一九七〇年の間は、GNPとISEWは両者とも増加した。一九七〇年代初頭からISEWは横ばいであり、一九八〇年代初頭にはいくらか減少した。他方、GNPは同期間中ずっと増加し続けた。以上のことは、一九七〇年頃からGNPの成長が経済的福祉を増加させなかった、ということである。そして、一九六〇年には最高経営責任者の税引き後の平均報酬は平均的な工場労働者の約十二倍であったものが、一九七四年には三五倍、新自由主義の標榜の下、一九九五年には一〇〇倍をかなり超える結果となってしまった。

日本もアメリカと同じような状況にある。つまり、一九六〇年代の高度経済成長あたりから「一億中流意識」が謳歌されたが、現在は「下流社会」現象が云々される時代となり、経済のグローバル化の国際競争力強化のスローガンの下、国家による公的規制や負担が緩和・削減され、所得格差が拡大している。実際、厚生労働省の二〇〇二年『所得再分配調査報告書』によると、一九八四年の上位二〇%の当初所得をすべて合わせた額は、下位二〇%の当初所得をすべて合わせた額の一三倍にすぎなかったが、二〇〇二年にはその差は一六八倍まで広がった。

すなわち、経済成長は今や経済的福祉を後退させているし、昨今の新自由主義に基づく経済のグローバル化の進展に伴い、所得格差と貧困は国内外に拡大の一途をたどっていることは、今や明白である。

また、経済成長は科学技術を発達させ、工業化、都市化および農業地域の開発を推し進め、世界を人と物でいっぱいにした。だがその結果、自然環境は破壊・汚染され、資源は枯渇し、公害、温暖化による砂漠化、異常気象などをもたらした。すなわちこれらは、人間の生態学的地位の拡大によってもたらされたものである。

そこでデイリーは言う。この事態を経済学的に冷静に見れば、成長はしばしば生産の便益を増加させるよりも早く環境費用を増加させている。つまり、反経済的、非効率的なものとなっている（スターン報告が述べている、今温暖化防止に取り組めば、経済的コストが少ない、の根拠だ）。それでも人々がまだ成長信仰から転換できないことは、事態に対する楽観的観点に基づいている。

この楽観主義の出所は、成長経済学者はむろんであるが（ソ連型の社会主義もそうであった）、人々が科学技術の発展がこの事態を解決してくれるだろうと、科学に対する無限の信頼を寄せていることである。だがそれは所詮、地球生態系を経済の下位システムと見做すことを前提とする科学である（最近では、ロンボルグがその典型）。デイリーも科学に対する信頼を持っているが、それは前者とは根本的に異なる、経済を地球生態系の下位システムと見做す見地である。

このデイリーの見地に基づく科学を、すなわち循環・共生型の経済を推進する科学を今こそ構築しなければならない。

三　これまでの経済学の基本概念とデイリーの提唱する経済概念

「エントロピーのフロー」（N・ジョウジェスク・レーゲンの命名、エントロピーとは有用な資源と無用な廃棄物との間の質的な違いについての尺度）とは、熱力学の第一法則は物質、エネルギーの保存の法則であり、この法則自体は低エントロピーの物質、エネルギーだ。太陽の低エントロピーは、総量がほぼ無限であっても、それの地球へのフロー率が厳しく制限されているのに対し、地球上の低エントロピー（地殻中に集中的に存在する鉱物）は、総量が厳しく制限されていても、私たち自身が選択したペースで使い果たすことができる。産業革命以降、経済発展は太陽からの豊富なフローに依存することがますます少なくなる方向で、またこの相対的に稀少な地球上のストックに依存する方向で推移してきた。しかも産業革命以前はエントロピーは相対的に開放系であったが、以後は加速度的に閉鎖系となってしまった（エントロピーが閉鎖系に転化したことがこの物理法則が貫徹することになる）。そして、この低エントロピーが生産や消費過程に投入されると、熱力学の第二法則、すなわち有用性を含む物質、エネルギーの質が劣化し、しかも再利用できないという、エントロピーの法則が貫徹することになる（つまり、高エントロピーとなる）。したがって、エントロピーのフローの成長は、枯渇や汚染や生態学的な壁に突き当たるので、経済過程はあらかじめこの事態をインプットしていなければならない。しかし、これまでの経済学では、新古典経済学もマルクス主義経済学も含めて、生産と消費の循環過程だけを分析して、このことを経済過程にインプットしていない。それでもエントロピーの法則は貫徹しているのである。

今述べた、デイリーのこれまでの経済学では、新古典経済学もマルクス主義経済学も含めて、エントロピーのフローを経済過程にインプットしていない、の叙述について一言しておきたい。

新古典経済学は論外として、マルクス主義経済学に関してであるが、ソ連型のマルクス主義は確かにそうであった。だが、マルクスは「人間と自然との間の物質代謝」、つまり「生命の自然法則によって規定された社会的物質代謝」の概念を捉えており、エンゲルスも『自然の弁証法』で、当時の自然科学の達成を踏まえた自然の発展過程を見事に捉え、そこで、生物の進化において環境の果たす役割、またこの進化においての物質代謝の役割を強調している。そして最近では、このマルクス、エンゲルスの概念を先駆的エコロジー思想として評価し、環境問題の理論的解明と展開が広く取り組まれている。そこで私は、その中に（マルクスの「物質代謝」概念）レーゲンの「エントロピーのフロー」の概念を正しく位置づけることが、デイリーの批判に答えることであると思っている。

四　エントロピーの法則をインプットした持続可能な経済学

まずデイリーは、成長経済と定常状態の経済を区別して、成長とは物理的尺度で見た場合のスループットの量的な増加のことだし（スループットとは、低エントロピーの原材料が商品に変換され、最終的には高エントロピーの廃棄物に変換されるプロセス）、これに対し定常は、一定の大きさのスループットを利用する上での質的な改善――技術的な知識の改善あるいは目的を深く理解することに起因する改善――を「発展」とする。したがって、定常状態の経済は、発展はできるが成長はできないのであって、それを下位システムの一つとする、地球という惑星が成長しなくても発展できるのと同じだ、とする。それゆえ、これは「知恵の経済」であるとし、「知恵の中には、技術に関する知識に加えて、目的およびその相対的重要性を理解することも含まれ、同時に技術と目的が受ける制約について正しく認識することも含まれる。一時的な隘路《ボトルネック》と真の限界を区別し、根本的な目的と単なる願望を区別する」（六一ページ）こと、としている。

この目的に沿う技術という定常状態の経済は、今スウェーデンなどですでに低炭素社会の実現に向けて現実に取り組まれていることである。

次にデイリーは、定常状態の経済、すなわち持続可能な経済を実現するために以下のような具体的な提案をしている。

その前に、人口資本と自然資本の定義。前者はそれ自体、自然資本に由来する天然資源が物理的に形を変えたものだ。したがって、代替財といわれているもの（人口資本）をより多く生産することは、物理的にはそれによって代替されるまさにそのもの（自然資本）をより多く必要とする。これは補完性を定義する条件そのものだ。

自然資本は、再生可能な自然資本（魚や木など）と再生不可能な自然資本（石炭、石油など）の二種類に区分される。それから、自然資本や人口資本と重なる一つの重要な範疇がある。それは人工林や養魚池や農産物のように、人間の活動によって自然状態から著しく改善されたもので、これを「栽培された自然資本」という。

そこで問題は、再生不可能な自然資本をいかに清算するかだ（なぜならこれらは積極的にも受動的にも増やすことはできないから）。再生不可能な自然資本はすでに生産された財の在庫に似ている。したがって、この清算した富で何をすべきかだ。ところが現在、私たちはこの清算した富を所得として計算している（GNPにもGDPにも含まれている）。このような所得は恒久的な、あるいは持続的な消費の源泉ではないから止めるべきだ。

最もすぐれた代替策は、再生不可能な資源を清算して得た富の全部ないし一部を、再生可能な自然資本や栽培された自然資本へ投資することである。すなわち、再生不可能な自然資本を、可能な範囲で再生可能な代替財に変換し、再生可能な代替財の開発率と同率で再生不可能な資源を利用することだ。具体的にはたとえば、バイオ燃料（エタノール、バイオディーゼル）からガソリンに替わるものを得ることなどだ。（そこで、この問題に関して一言すれば、現在食糧からバイオ燃料を得た結果、価格高騰を紹いているし、ヤシ油によるバイオディーゼル生産から、熱帯林の破壊が進んでいる。それゆえ、非食糧バイオ〈第二世代〉燃料の開発を進める必要があるし、熱帯林等の自然破壊は避けるべきだ。）

少し前に、人口資本（代替財といわれているもの）をより多く生産するには自然資本をより多く必要とする、と述べた。自然資本が相対的に豊かで、人口資本（と人間）が少なかった時代では、最も供給が不足している後者が限定要因であったが、今や残された自然資本が限定要因になる時代に移行している。しかるに現在の成長経済は、その限定要因を看過し、人口資本の生産性と蓄積を最大化しようとしている。私たちは、今述べたように、自然資本の現在の生産性を最大化し、その将来の供給量を高める政策をとらなければならない。

自然資本の生産性を最大化する方法は、自然資本の消費を所得として計算することを止めることと、もう一つは労働と所得には少なく課税し、資源のスループットにはより多く課税することだ（といっても、所得税の構造は累進性を保つよう維持されるべきだ）。つまり、前者からスループット税（環境税）に課税標準をシフトすることだ。そうすれば、企業はスループットの利用効率性を高め、枯渇や汚染を防止できるであろう。

まさに「緑の福祉国家」をめざすスウェーデンでは、デイリーの述べる、このような税制にすでにシフトしている。

ところで、スループットの量の削減を可能にするのであれば、自然資本への間接投資と見做すことができる。その一つは、今述べたスループットの利用効率を高めることだ。これは生命維持サービスと生活向上サービスを供給するのに用いられる資本（自然資本と人口資本の両方）の効率性を高めることだ。もう一つは、人口増加を減らすことへの投資だ。まず増加を止め、次に出生率を下げて次第に人口を減らす。女性の識字率と社会保障制度への投資は、避妊薬とその配布と並んで、この種の投資機会を提供する。

五　不平等制限原理と持続可能な社会は密接不可分

一九九二年の世界銀行の『発展と環境』と題した『世界開発報告書』では、環境悪化は主として貧困の帰結であり、それを解決するのは北の経済成長いかんである。なぜなら南の成長は北の成長に依拠しているからであるとして、成長至上主義が打ち出され、根本的な生態学的限界の存在が否定された。また、同年の国連環境開発会議（リオデジャネイロでの）では、環境問題に対処するよいことも盛り込まれたが（環境問題への先進国の責任）、しかし不平等（貧困）に対処する方法としてより一層の成長が求められた。つまり、環境問題と貧困の解決は経済成長であるということである。

この世界経済の方向を貫徹するなら、世界人口の五％を占める合衆国の人口一人当たりの資源利用水準を六〇億の世界人口の全員に一般化することになる（「過去五〇年間に米国一カ国が消費した資源は、全人類がその発祥以来使ってきた総計よりも大きい」〈デビット・ブラウアー〉）。しかも合衆国における所得格差は、すでに述べたように、新自由主義の下、一九九五年に一〇〇倍を超えるものとなっている。この一般化は、エントロピーのフローという限界があるために非現実的であることは明らかである。また経済成長は、今や各国内における所得格差と、北の成長による南の世界的な所得の不平等を拡大し、さらに最近では、投機マネーによる原油や食糧の高騰により（暴動やテロを含む）国内外の政治的緊張を激化させている。私たちはこうした発展が少数者のためだけであることを認めるか、それともすべての人々に一般化することが可能なように経済を定義しなおすことを認めるか、そのどちらかを選ばなくてはならない。経済についての新しい概念は、いうまでもなく後者を選択することである。それゆえ、不平等を制限すること（否定することでなく）が持続可能な社会を実現するのに不可欠なのである。

キリスト教やイスラム教や仏教の説く不平等制限原理は、人類が生み出した叡知である。「私たちがその原理を現代世界で制度化しようとする場合（特にそれを将来世代が含まれるように拡大するには）既存の経済成長という概念よりも定常状態の概念のほうがますます適切になることに気づくだろう、ということだ。富者が貧者に（北が南に―引用者注）過度にもたれ掛からないようにすること、また現在世代が将来世代に過度に寄りかからないようにすることは、一つの方法として有意義だ。私たちがますます有限の生態系を、原料の供給源、廃棄物の廃棄場、人間の生活空間、人工物貯蔵所に返還するにつれて、他の被造物の生息地が失われるに違いないが、こうした被造物にも過度に寄りかからないこともまた有意義だ。まさに不平等に対する制限を回避するためにしがみついてきた持続不可能な成長という道から、私たちが立ち去ることが受託者責務《スチュワードシップ》となっている。また私たちは、不平等に対する制限を制度化しないならば、成長から定常状態へ移行することは不可能だろう」（三〇一〜二ページ）。

おわりにを兼ねて

デイリーが古代イスラエルの聖書の世界に言及し、そこに平等と持続可能な社会を捉えたことは、人々の中に眠っているその倫理的、理念的見地を現代に甦らせようとの試みである。彼は経済学の主流であり、また依然として多くの人々を席捲している経済成長を、きびしく批判するばかりでなく、それに代わる新しい経済学——定常状態の経済学を提唱している。そして、経済成長の現状とそれがもたらそうとしている現実を鋭く分析し、持続可能な社会の実現は、不平等の制限を実現することと不可分に結びついていることを、主張しているのである。これはまさに、市場経済至上主義の社会に代わる循環・共生型の経済社会の提唱である。ＩＰＣＣ（気候変動に関する政府間パネル）の報告（二〇〇七年）が、地球温暖化の阻止を「待ったなし」とする認識を全世界の人々に知らしめた現在、この循環・

共生型の経済社会の実現はますます焦眉のものとなっている。

あとがき

小田和正の『the flag』という歌の中に、次のような箇所がある。

「こゝから　行くべき　その道は　どこかと　できるなら　もう一度　捜さないか

戦える　僕らの武器は　今　何かと　それを見つけて　こゝへ　並ばないか」

私が自分の本を出版しようと意図した背景には、「こゝへ　並ばないか」ということはともかく、ソ連崩壊後のマルクス主義の、あるいは戦後思想のヘゲモニーの「終焉」後の思想、理論形成における「戦える武器」を、まず自分自身に構築しようとしたことである。そして願わくば、この私の試みをご理解くださり、「並んで」いただけたら、幸せと思うものである。

なお、これまで私の発表した論文の掲載物を述べれば、すべて東京唯物論研究会の機関誌『唯物論』と、『会報』である。

「三浦つとむのレーニン反映論批判」七一号、一九九七年

「芸術における認識と表現の問題」六七号、一九九三年

「唯物論的現象学構築の試み」七七号、二〇〇三年

「脳から見た認識における情動や感情の役割の問題」七五号、二〇〇一年
「現代唯物論試論」八〇号、二〇〇六年
「続・現代唯物論試論」『会報』七号、二〇〇七年一〇月
「マニフェストの提言」『会報』四号、二〇〇六年二月
「循環・共生型の経済とは何か」八二号、二〇〇八年
これらの掲載論文は、未加筆のものもあれば、若干、あるいは少々書き換えたものもあることを、お断りしておきたい。

二〇〇九年三月二十八日

渡部　正元

索　引

あ

い

う

え

お

か

す

せ

そ

た

ち

つ

て

と

な

に

ぬ

ね

の

は

ひ

ふ

り

る

れ

ろ

わ

渡部正元（わたなべまさもと）

1939年　秋田県生まれ
1970年　法政大学大学院人文科学研究科博士課程哲学専攻単位習得
　元法政大学講師
　元東京都公立中学校教諭（社会科担当、性教育、環境教育に取り組む）
現在　東京唯物論研究会会員、昭島（市）環境フォーラム会員
　「『経済学・哲学手稿』を中心とした初期マルクス研究の解釈をめぐって」（日本哲学会編集『哲学』第22号掲載、法政大学出版局、1972年）
共著『ルカーチ研究』（啓隆閣、1972年）
　『人間観の諸類型』（博文社、1978年）

哲学の再生——マルクス主義哲学の再構築をめざして——

2009年 4 月22日　初版第 1 刷

著　者　渡部正元
発行人　日吉尚孝
発行所　株式会社五曜書房
〒101-0065 東京都千代田区西神田 2-4-1　東方学会本館 3 F
電話 (03) 3265-0431
振替 00130-6-188011
発売元　株式会社星雲社
印刷・製本　株式会社太平印刷社
ISBN978-4-434-13140-0
定価はカバーに表示してあります。落丁・乱丁本はお取替えいたします。